# 地球を相手にした道具

千葉 学

王国社

# 目次

Ⅲ

# はじめに

「モノ」としての建築ではなく、むしろ建築によって生み出される「ソト」の方に余計に惹き付けられていることに気付いたのは、建築を学び始めて間もない頃である。もちろん造形としての建築にも、空間としての建築にも興味は尽きなかったが、それでも常に、建築は「ソト」をつくるための手段に過ぎないとさえ思うほどに、手は自然と「ソト」をかたちづくるように動いていた。

遡って思い起こせば、僕が生まれ育ったのは東京の世田谷。今では閑静な住宅街のイメージが強いのかもしれないが、当時は宅地は疎で、あとは畑か空き地に覆われた風景が広がっていたから、遊びと言えば、家と家の隙間や空き地を縦横無尽に走り回ることばかりであった。お隣の庭に勝手に入り込んで池で蛙を捕まえることも、家と家の隙間の獣道のような場所を伝って学校に通うことも日常だったし、遊びに応じて最適な空き地を見つけては、そこに野球のダイヤモンドを描いたり、戦争ごっこの基地をつくったりするのも手慣れたものだった。空き地や隙間は、敷地境界とか所有形態といった枠組みを越えて広がる自由を最大限に感じさせてくれる場所だったのだ。「ソト」への興味は、そんな原風景が影響しているのかもしれない。

いずれにしても、設計においては「ソト」から逆に造形や空間へとフィードバックすることを繰り返しながら、果たしてこの興味はどう言語化できるのか、どう方法論に結びつけられるのかに思いを巡らせていた。その頃建築界には「ランドスケープ」という概念がまだ浸透していなかったが、たまたま留学生にランドスケープ出身の人がいて、議論を交わすうちに僕は、お互いの興味がベクトルは逆方向だが通底するものがあると直感したのである。「ソト」の鍵は、ランドスケープにあるのではないかと。

その出会いがきっかけでプロジェクトに一緒に取り組むようになり、最初に実現したのが「和洋女子大学佐倉セミナーハウス」(1997年)という大学生のための研修施設であった。広大な敷地に建築をゆったりと計画できる。ならば建築とランドスケープが表裏一体となった計画にしようと、お互い領域横断的に議論を交わし、デザインを行い、それぞれが温めてきた考えを存分に発揮して完成に漕ぎ着けたのである。このプロジェクトは、その後さまざまなかたちで社会的な評価もして頂き大変ありがたかったが、しかし自分の中ではどこか腑に落ちないところが、プロジェクトをやり切ったからこそ逆に大きく頭を擡げてきてしまった。実際自分でランドスケープの図面も描いたから、建築とは全く異なる職能、思考形態に面食らったこともあるが、図面を描けば描くほどに、ランドスケープの領域において自然をデザインするとはどういうことなのか、その意味が分からなくなってきたのである。プロジェクトに植物や水や石を持ち込んだのは、自然と親和的であるよう、また自然に直接身を投じられるよう願ってのことだったが、そもそも数えきれないくらいの膨大な数の生命体が複雑に絡み合いながら動的平衡を保っているのが「自然」である。そこに全く新しい植生を持ち込んだり、人工的に地形をつくったり、枝振りをそろえて樹木を綺麗に並べたりと人為的な介入を行うことは、果たして「自然」に敬意を払っていると言えるのか。

もちろん自然のコントロールは、日本庭園の歴史においては当たり前のように繰り返されてきた。樹木や水、石の配置を人間が解釈した「自然」の姿で再構築し、さらに借景によって自然の相対化／顕在化をも行い、人々は自然を愛でてきた。あるいは刈り込みという技術によって徹底的に樹木をコントロールしたからこそ、そこから力強く飛び出す新芽の姿に季節の移ろいや自然の生命力を感じ取ってきたこともあるだろう。こうした自然観は、自然への介入の中で醸成されてきた感受性だ。だから、自然をコントロールすること自体を否定するつもりはない。しかし小さな庭においてであれば、それも自然との関わり方の一つであると納得もできようが、プロジェクトが大きくなればなるほど、それは自然への過度な介入にも見えてくる。実際、僕たちが手がけたセミナーハウスでは、敷地の大半を手付かずの荒れ地のまま残したのだが、皮肉にもその後生い茂る雑草の姿に余計に自然の力強さを感じたことも事実である。

その後取り組んだ「黒の家」(2001年)では、いわゆるランドスケープの領域には手を出さず、建築のあり方だけによってこうした自然本来の力強さを炙り出すことはできないかと考えるようになった。そもそも自然は、僕たちが現時点で把握できている以上に豊かで奥深く、複雑だ。だからすでに明らかになった情報や美学だけで擬似的に自然を演出するだけでは、単なる箱庭になってしまう。むしろ僕たちがまだ気づけていない、まだ説明のつかない自然を見出すための「物差し」に建築を位置付け、本来の自然に接近することこそ必要だと考えたのである。「ソト」が内部に入り込んだ建築や、「ソト」を骨格とした群としての建築をつくり続けているのは、そのためだ。「黒の家」では、植物や水などを直接扱った訳ではなかったが、その家が建つ都市空間の様相や、家族の日々の営みや関係性も含めてこの「ソト」が媒介するように設計したのだ。都市も人間も、自然と同じく日々動いている。建築という、動かない「モノ」に可能なのは、動く「自然」になろうとするのではなく、むしろ動かないからこそつくり出せる「ソト」を自然や都市や人々に投げ出し、こうした動くものたちの豊かな活動を受け止めることなのだ。

このような建築のありようは、実は僕が長年親しんできた自転車や波乗りなどのスポーツにおける道具と自然との関係性にも通じると、近年になって気がついた。サーフボードという道具があったからこそ、僕は海のことをより深く知ることができたし、自転車という道具があったからこそ、街や山のことを誰よりも深く身体化してきたとも思う。潮の流れや満ち干、海底の地形や海に生息する生物、さらには海の汚れ、季節ごとに変化していく生物や水質、ゴミの量も手に取るように記憶しているし、なかなか足を踏み入れることのできない林道や峠道の地形的特徴や植生、そこに吹く風や地面の状況も、身体に深く刻まれている。

道具はもともと自然を、生きるための資源として利用したり、逆に自然から身を守ったりするために生まれたものだが、その道具を介して人間は、より解像度高く自然を知ることになったに違いない。そして道具を使いこなす過程で、人間の側も感覚を研ぎ澄ませていくという、自らの変化も感じ取ってきたはずだ。このように、自らの身体の延長上に自然を捉えることを可能にしてくれるのが道具なのだ。逆に言えば、こうした道具無くしては、自然への理解は抽象的な情報か審美的な風景以上のものにはなり得ない。

そして建築にも、本来はこうした道具にも通じる役割があったのだと、いや、あるべきだと改めて思う。建築が介在することで、自然や都市、さらには人と人の関係性も含めて深く理解し、また建築に身を置くことを通じて人も変わっていける、そんな幸せな関係を築けるのが建築なのではないか。だが果たして現代の建築に、それはできているだろうか。また現代の建築にどっぷりと身を浸し、何ら道具らしき道具を手にしなくても済む生活に慣れきってしまった身体に、果たして自然を感知するだけの力が残っているだろうか。だからこそ改めて建築の、道具としての側面に目を向けたいと思う。そこにこれからの建築のあり方と、さらに言えば地球環境をこれ以上損なわない生活への糸口があると思うからだ。

この本は、これまでプロジェクトの度に考えたり、何かのテーマで依頼されたりして書いてきた原稿をまとめたものだが、タイトルを「地球を相手にした道具」としたのは、こうした思考過程があったからである。時期的には、東日本大震災以降に書かれたものが多いが、それはこの災害が、自然と人間との関わり方を問い直す重要な契機になったことと無関係ではない。もちろんその災害の傷ましさは、今でも脳裏から離れることはない。しかし建築に携わる者として、それまでの技術を過信した人間の振る舞い、自然を支配しようとしてきた20世紀的な価値観を再考する必要があると強く心に刻んだことが、この人間と道具の関係性への眼差しをより確かなものにしてくれたと思う。とは言え、道具としての建築に明確な答えが見えているわけではない。それでも一つの建築を設計するたびに、その土地に潜在している魅力は何か、自然と人はどう関わるのか、人と人がその建築を介して相互にどのような関係性を築くのか、を考えることだけはしぶとく続けてきた。なぜなら、自然や人間のことが膨大な情報に置き換えられ、あたかも了解可能な、操作可能な対象だと思い違いをしてしまう危険性と隣り合わせの時代に僕たちは生きている。だからこそ自然とは何か、人間とは何かを、建築を通じて問い続ける必要があるのだと思う。人間の身体には、こうした問いに答えてくれる力がまだ潜んでいると信じているからだ。

全体としてみれば、テーマも題材もあちらこちらに飛んでいるが、ここに至るまでの試行錯誤の根底にある問いを少しでも感じ取っていただければ、嬉しく思う。

# I

# 身体から計画する

## 平面図から考える

平面図という、建築の歴史と共にある表現手段は、僕たちの設計においてきわめて重要な役割を担っている。そしてやはり古典的と言ってもいい模型での検討も同じくらい重視しているから、設計プロセスにおいては毎回、膨大な数の検討図とスタディ模型で事務所は溢れかえる。もちろん設計のさまざまな局面でコンピュータを駆使した検討は不可欠だから、スタッフがパソコンに向かう時間は長い。それでもやはり僕たちにとって、平面図は常に立ち返る思考のプラットフォームであるし、検討案が次々と展開していく上での原動力でもある。

ところで平面計画は、特に戦後の日本においては常に社会情勢と密接に絡み合いながら、設計の主要な関心事としてあり続けた。住宅難の時代には、戦災復興と近代的な暮らしを担う住まいとして食寝分離が具現化されたし、他にも「最小限住居」(増沢洵、1952年)や、その後の個人主義の時代の到来と共に生まれた「個室群住居」(黒沢隆、1966年)など、挙げればきりがない。学校建築においても、画一的な教育から多彩で自由な教育への移行は、片廊下型の否定とオープンスクールの誕生を導いたし、近年では、生涯教育や地域社会との連携が学校建築に変革を迫っている。記憶に新しいところでは、山本理顕が掲げた家族論が、今日的な家族と社会との新しい関係性を問い、見たこともない刺激的な住宅や集合住宅を世に送り出した。しかしながら近年では、グローバリゼーションが建築すら商品化/情報化し、主題は平面計画から表層へとすり替わってしまった。このような動きは、建築の空間に宿る暴力性に対する疑問に後押しされてもいたのだろう。社会学者の上野千鶴子は、社会を都合よくモデル化して建築計画の正当性を主張する建築家の振る舞いを、空間帝国主義と皮肉った。確かに現代においては、社会やコミュニティの複雑さは増大し、簡単にひとつのモデルに収斂し得ない状況を呈しているし、そもそもこうした動的な様相を、動かない建築でモデル化すること自体に無理がある。しかし建築の空間には、社会に関与するだけの力が本当に残っていないのだろうか。建築家が関わることのできる領域は、表層にしか残されていないのだろうか。

## 建築における喜び

建築家の槇文彦は近年、ウィトルウィウスが建築書の中で謳っていた3つの原則である強、用、美、つまり堅牢である事、実用的である事、美しい事の最後の美は、実は喜びだったのだという研究成果があがっているという事に度々触れている。その研究の詳細は分からないが、「美」というのと「喜び」というのでは、ずいぶん趣が異なってくる。「美」が対象に宿る客観的な価値だとするならば、「喜び」はむしろ人の主体的な関わりによって齎される感情だからである。しかし僕たちにとってはこの「喜び」こそが、建築をつくり続ける最も強い動機なのではないかと、改めて思い至るのである。ではその喜びは、一体どのようにして生まれ、また建築はどうあらねばならないのだろうか。僕たちはその鍵が、人間の生身の肉体の間に介在する「距離」にあると考えている。

かつてエドワード・ホールは『かくれた次元』(1970年、みすず書房)の中で、人間の間に潜む多様な距離を生物学的な観点から、また文化的側面から明らかにし、人間の生存に欠かせない視座を提示してくれた。今となっては、当時想定していた社会/都市状況を遥かに超越した感があるが、この距離の問題は、現代だからこそより大きな意味を持つのではないかと僕たちは考えている。個人主義が浸透し尽くした後の住宅において、家族間の繋がりはいかに再構築できるのか。地縁に代わる仕事や趣味を通じたコミュニティなど、社会に多層的に散在するネットワーク化したコミュニティを受け止める建築において、人びとの共感はいかに醸成されるのか。頻発する自然災害に直面する現代において、地位や立場を超えて支え合うコミュニティに対し、建築には何が可能なのか。そこで頼りになるのは、地縁や制度、社会階層から解き放たれた生身の人間が相互に築く「距離」ではないかと思うのだ。ホールは、距離感の違いが空間利用にまで及ぶことを指摘した上で、その文化的差異に着目した。確かに空間と文化は表裏一体の事象である。しかし一方で家族が食卓を囲んで食事をする幸せな風景は世界共通だし、仕事の打ち合わせを前に、その時々の議題や面々に応じて机や椅子の配置をあれこれ思案するのも同様だろう。愛し合う人びとがベッドを共にする姿だって、変わらない。そこに建築的な希望があると、僕たちは考えている。

## 距離をデザインする

僕たちが設計してきた建築は、それが住宅でも公共建築でも、建築と街の間に、部屋と部屋の間に、あるいは屋根と地面の間に隙間状の空間（in-between space）を仕込み、単に近い遠いといった関係性を超えて、見えるけど行けない、聞こえるけど見えない、近いようで遠いなど、人間だからこそ把握できる移動距離や視覚距離を同居させ、繋がり方にいくつもの選択肢のある空間をつくってきた。それは、すぐに手が届かないからこそ、他者を掛け替えのない存在と感じたり、見えないからこそ家族の息遣いに安堵を覚えたり、あるいは遠く友人たちの姿を見つめるからこそひとりの時間の心地よさを噛みしめる、そんな他者の存在があるからこそ顕在化する身体的な喜びにも通じる場の姿だ。さらにその距離を土地との関係性にまで拡張することで、その場所にいる感覚も同じく祝福しようとしてきたのである。

近年では、災害復興に携わる機会も増え、厳しい予算やスケジュール、通常とは異なる設計体制など、きわめて特殊な条件下で設計せざるを得ない状況と向き合うことも多いが、そこで必要とされるのは、表層が発する分かりやすいメッセージなどではなく、むしろすべてを剥ぎ取った上で浮かび上がる人と人との繋がり、土地と人との結び付きである。もちろんこれは、復興という特殊な状況下でのことかもしれないが、しかし場所の意味を問い、生身の人間の関係性に目を向けることは、人も情報も流動化する現代においてこそ共有されるべきテーマなのではないか。

## 喜びを求めて

平面から考えることは実に不自由で困難なプロセスである。一度かたちに定着すれば、意図しようがしまいが、場所相互の何らかの関係性を表象し、そこでの振る舞いを強制するからだ。しかし、それを単純なモデル化で正当化するのでも表層で取り繕うのでもない、建築だからこそ生み出すことのできる距離をいくつも介在させ、その場を共有する人たちが自由に動きながら自らの居場所を見つけ、主体的に他者との関係を築いていく場を探し続けるしかないのである。それは、建築にしかできないことだからだ。そしてもしそんな空間が実現すれば、たとえ建築は動かなくとも、まるで机や椅子を自由に動かしてその場のコミュニティに応えるような柔らかな空間が立ち現れるに違いない。僕たちが何度も図面を描き模型をつくり続けるのは、この建築を介して顕在化する人間の動物的嗅覚ともいうべき感覚への信頼と期待故であるし、その先に生身の身体が感じ取る喜びがあると信じているからである。

# 建築家に何が可能か

## ハウスメーカーとの協働

東日本大震災から2年半が経過した2013年の秋、岩手県釜石市は、新しく「買い取り事業」を開始した。それは、通常の公共事業のように、設計と施工を分離して発注するのではなく、設計施工一体で事業に取り組むことのできる企業体を公募した上で、復興に関わる業務をそれぞれの企業の責任のもとで遂行してもらい、最終的に完成した建物を市が買い取るという仕組みである。市がこのような新しい取り組みに踏み出したのは、復興が極めて困難な状況に置かれていたことによる。つまり通常通り設計を発注し、施工の入札を行えば価格が合わずに不調に終わる、このような事態が度重なっていたのだ。原因はいくつもある。建設資材の高騰、労務者確保の難しさがその主たるものだが、実際には設計側にもその一因があったのではないかとも思う。つまり、設計における様々な判断に、「被災地という状況」が充分に汲み取れていなかった面が否めないということだ。極めて短期間に業務を遂行しなくてはならないこと、建設価格が高騰している状況下での設計であることも、設計における初期条件だ。建築は、文化的な創造物だが、同時に極めて経済的、社会的な産物でもある。だからこうしたパラメータにもう少し焦点を当てることができていれば、流れは変わっていたとも思う。

いずれにせよ釜石市は、このような事態を打開するために、買い取り方式に踏み切った。復興住宅一戸あたりの価格設定から総事業費を定め、その範囲内で設計者、施工者が協力しながら事業を遂行する。その第1号として2013年9月、釜石市大町における復興公営住宅の公募が始まった。僕たちはこのプロポーザルに大和ハウス工業と組んで応募し、採択され、事業が始動したのである。

ハウスメーカーとの協働は、通常の設計業務とは多くの点で異なっている。メーカーが得意とする構法、材料を前提にしなくてはならない。特に大町の計画においては、鉄骨ラーメン構造、ALCの外壁、既製サッシの採用などが予め条件として提示された。納まりや仕様も、概ねメーカーの規定に従わなくてはならない。さらに構造設計と設備設計は、ハウスメーカーの設計部が行う。設計契約も、ハウスメーカーと取り交わす。しかしながら被災地の困難な状況に鑑みれば、このような様々な制約も、設計が引き受けるべき与条件の一つに過ぎない。いやむしろ、そのような状況下で何が可能なのかを見極めることこそが設計なのだと言ってもいい。

あらゆる状況に柔軟に対応し、建築に何が可能かという問いを立て、建築的な知恵を提供し続ける、それこそが被災地で建築家に求められている職能なのだ。

## コミュニティとは何か

当たり前のことだが復興公営住宅は、被災者のための住宅である。しかしながら、発災から5年も経とうとしているのに住宅は完成せず、今なお被災者は仮設住宅暮らしを強いられている。こうした人たちに、少しでも環境の良い住まいを一日でも早く届けたい。では、そこに求められる空間の質とは何か。

釜石市は、復興公営住宅における一つの重要なテーマとして、「見守り」を掲げた。阪神・淡路大震災後の復興住宅において、孤独死が頻発したことへの反省も込め、暮らしの中でお互いが見守れるような関係にあることを何よりも重視したのである。一度自分の住戸に入れば、隣で何が起きているかを伺い知ることすらできない住宅ではなく、気配が伝わったり挨拶を交わしたり、近所付き合いができるような「見守り」を促す住まいだ。このような方針は、東北大学の小野田泰明教授、佃悠准教授らによって構想され、具体的な平面計画においては、リビング・アクセスがコンセプトとして打ち出されたのである。

釜石市のコミュニティは、確かに濃密だ。皆、お互いを良く知っているし、声をかければすぐに集まってくる。リビング・アクセスによって、こうした関係性が健全に維持されていくことは、好ましいことだ。しかしながら、復興公営住宅を取り巻く状況は、そう単純ではない。もともと別の地域に住んでいた人たちが一緒に暮らすこともあれば、若年世帯と高齢者世帯が隣り合わせになることもある。ワークショップで出てくる意見も様々だ。親戚同士で隣接して住みたいという人もいれば、プライバシーやセキュリティを気にする若い世代もいる。このような状況は、半島部と呼ばれる小さな漁村集落に見る親密さとは異なり、どこか都市的でもある。漁業を中心としつつも、中央と繋がった製鉄業が基幹産業としてあったことが関係しているのだろう。繋がりたいという想いと離れていたいという想いが交錯しているのだ。しかしながら僕たちは、これこそがコミュニティの本質なのだと常々考えてきた。東北はコミュニティが濃密だと一つの価値で括ってモデル化するのではなく、むしろ相反する事象が共存できる状態を空間の問題として探っていく、それこそが復興住宅に求められていることなのだ。そしてこの空間の質は、いかなるコミュニティにおいても普遍的なテーマであるに違いない。

## 「関係性のデザイン」と「距離のデザイン」

構法や材料が極めて限られた中で、釜石のコミュニティにとって最適な建築空間を考える。僕たちはそれを、「箱」の配置による「関係性のデザイン」と、そこに介在する多様な「距離のデザイン」という2つのテーマで実現しようと考えた。贅沢な素材を使わなくても、美しいディテールを纏わなくても、あるいは独創的な形態を与えなくても、部屋と部屋、住戸と住戸、住宅と街の関係性を丁寧に紡いでいけば、被災者にとって快適で居心地のいい住まいはつくれるとの確信があったからである。

大町の復興公営住宅は、4つの単純な「箱」を、外周に巡る縁側で結んでいる。4つの「箱」は、1LDKと2LDKの住戸が適度に混じった住棟で、縁側は、廊下であると同時に玄関先でもある。家を出れば、すぐお隣の様子が伺えたり、気軽に挨拶を交わすこともできる。こうした見守りの場が道に沿って連なることで、住民の生活は街にも溢れ出し、見守りの関係は、街の中にも染み出していく。さらにこの縁側からは、釜石市の街を一望することもできる。海や山や工場などの釜石らしい風景が日常生活に織り込まれれば、復興のプロセスを日々実感し、前向きにもなれるのではないか。

一方4つの「箱」に囲まれた内側は通り庭と呼ぶ中庭状の空間で、相互に程よい距離感で向かい合っている。それはまるで、通りを隔てた隣の街区を見るような関係だ。縁側で親密に繋がりつつ、一方で距離をもって相対する。こうした様々な距離が介在することで、一緒にいることも離れていることも心地よく実現できると考えたのである。この繋がることと離れることは、住戸プランとも連動する。例えば2LDKは、一つの個室と台所は縁側に面し、もう一つ

「釜石市大町復興住宅1号」外観 ©吉田誠（『日経アーキテクチュア』2016年9月22日号）

の個室と居間は、通り庭側に配置している。台所と居間は、緩やかに繋がるワンルームなので、縁側側で過ごせば、近所の方々とも容易にコミュニケーションを図れるが、通り庭側にいけば、遠く他の住戸を眺めながら、自分たちだけの時間を過ごすこともできる。この多様な距離を介して関係付けられる住まいは、日々の暮らしやコミュニティ成熟の度合いに応じて各々が自由に居場所を見つけていける、そんな選択性を持っている。この自由こそが、コミュニティを育む上で不可欠な空間的特質だと考えたのだ。

## 復興の記憶と街並に向けて

大町の復興公営住宅が建つ場所は、将来

「釜石市大町復興住宅1号」 通り庭スケッチ

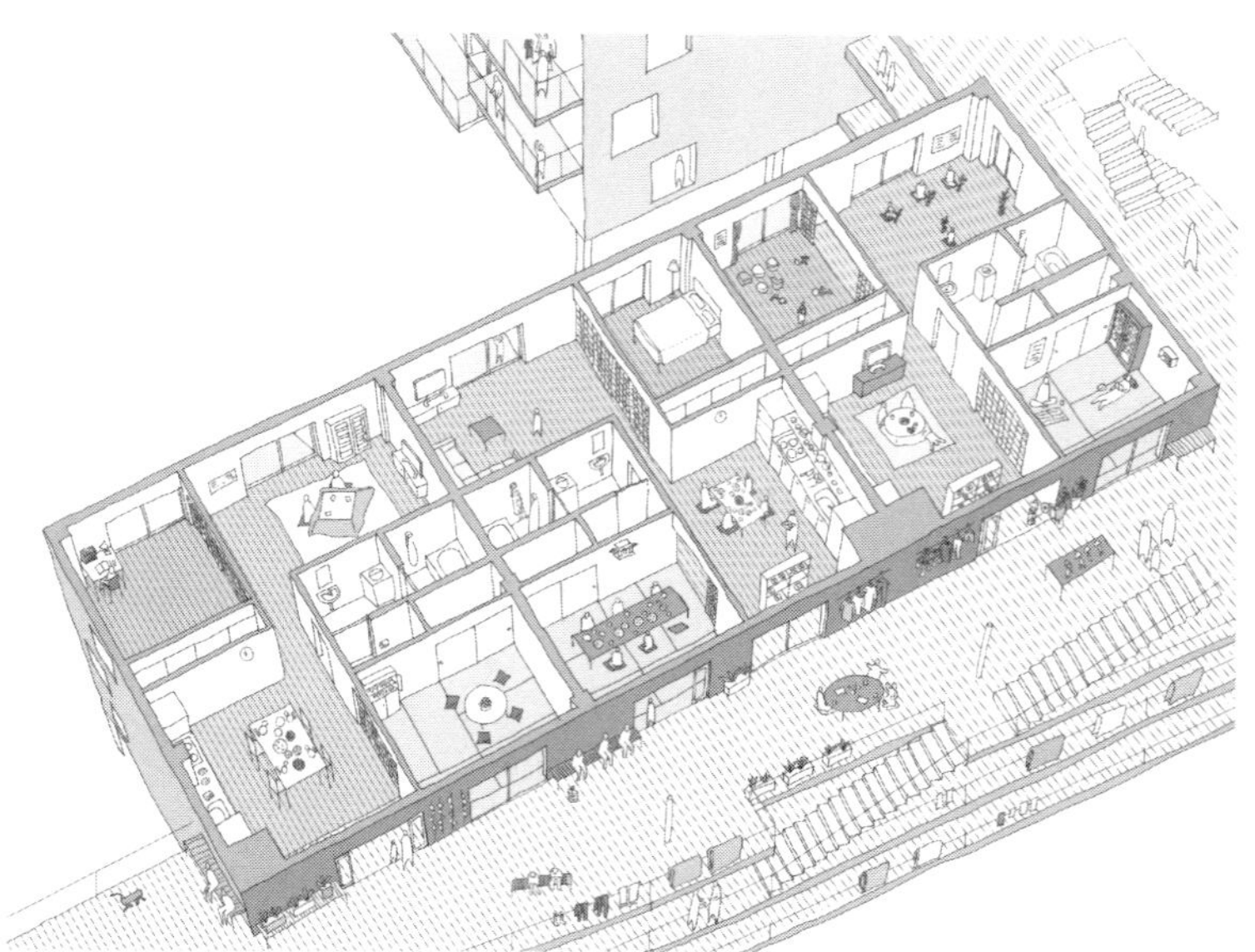

「釜石市大町復興住宅1号」 縁側スケッチ

の地震に伴う津波のシミュレーションで、浸水することが想定されている。そのため1階には居住空間をつくることができない。住民の安全を考えれば当然の判断だが、今後街が活気を取り戻していく上でこの状況は残念でならない。そこで僕たちは、この通り庭が復興住宅の住民だけでなく、近所の人たちも自由に通り抜けたり遊んだりできる場所にしたいと考えた。特別な設えはないが、郵便局に行く時の近道になったり、散歩の途中で佇むことができるだけでも、ここでの生活の様子が感じられ、挨拶を交わすくらいの関係は生まれるはずだ。そうすれば、たとえ居住空間はなくとも、街は閑散とした場所にはならないだろう。

もう一つ、設計過程で大切にしたことに「色」がある。釜石の街が再び活気を取り戻していく過程で、街全体の色彩計画をすべきだという話が、市や東北大学の学生たちから持ち上がった。その中で、一つの色に統一すべきだとの意見も根強くあったが、街はすでに数多くの建築が建ち上がり、復興が目に見えるかたちで進んでいる。ならばその状況を受け止めつつ、この復興過程が街に刻まれていく方が良いのではないか。そこで僕たちは、釜石市の花である「はまゆり」の持つ色を基調とした計画を考えた。「はまゆり」は、橙色から赤褐色まで、実に美しくまた豊かな色を身に纏い、険しい三陸海岸に力強く咲く花だ。その姿は、力強い復興の姿にも重なり合う。そこで花の色から建築に使えそうな色を日塗工の見本帳から選び出し、この中の色であれば、どの色を選んでも良いという緩やかなルールを定め、他の公営住宅群にも展開しようと考えたのだ。大町の計画は、4つの棟に分かれた計画だから、4色選んで塗り分ける、という具合に。こうすれば、今後も続く公営住宅が、あたかも街にはまゆりの花が咲くように建ち上がっていく。この風景が復興の記憶として街に刻まれれば、これほど嬉しいことはない。

## 復興現場の今

2016年3月、発災から5年が経過しようとしている。復興はまだ道半ばであるし、被災者の心労は計り知れない。大町の復興公営住宅は、遅きに失した感は否めないが、2016年4月になんとか竣工を迎えることができた。天神や只越の現場も、数ヶ月遅れになるが、竣工間近だ。

現場での設計監理は、正直なところ、困難な事態の連続である。住民とのワークショップは、計画そのものの議論以前に住民が抱える不安やストレスを受け止めることから始まる。これまでの復興計画での数多くの失敗故に、建築家に対する不信感は想像を遥かに超えている。だからこちらの想いも、なかなか伝わらない。それでも何とか見えてきた住民の想いをかたちにすれば、そこに市や復興庁などの様々な意向が交錯する。現場はそもそも建築家との協働に慣れていないから、施工図の進め方、現場管理の精度、設計判断の指示系統などに混乱がつきまと

「釜石市天神復興住宅」俯瞰スケッチ

「釜石市天神復興住宅」縁側 スケッチ

う。加えて設計者にコスト・コントロールの主導権もないから、コスト管理も難しい。果たして設計者にどんな責任と義務があり、どんな自由が残されているのか。さらに現場の中途で、買い取り事業の枠組みも変わってくる。いやむしろ事業の枠組みが、このプロジェクトを通じて精査されていったと言うべきか。一戸あたりの金額で決まっていた枠組みは、今となっては一つ一つのスペックが、他の復興公営住宅と横並びであるかどうかに横滑りし、見積書の内訳レベルで仕様がチェックされる。工事も予定通りには進捗しない。地中から埋設物が見つかることも度々だが、コンクリートの出荷制限で予定が立たない、職人が捕まらないといった事態は日常茶飯事だ。もちろんこのプロジェクトに関わる全ての人たちが、未知の領域で仕事をしているのだから、その都度議論をし、ぶつかり合いながら、最適な道を見つけていくしかない。それは決して容易な道のりではないが、この現場からの学びは数知れない。

## 建築家に何が可能なのか

復興は、もちろんまだ終わっていない。被災者が安心して暮らせる日も、まだ先だ。現時点で総括できることなど何もないが、復興公営住宅の現場に通いながら、5年にもわたる日々を経験してきた中で伝えておきたいことがいくつかある。

一つには、建築家の職能についてだ。プロポーザルコンペを行いながら、それらがいずれも

縁側に面した「釜石市大町復興住宅1号」の和室。　©繁田論

中断、あるいは延期になった直後、被災者から投げ付けられた言葉に忘れられないものがある。「どうせ雑誌に発表するか、賞を狙うためでしょ。」と。建築界がこう捉えられているとしたら、それは何とも残念なことではないか。だが、技術に依存し、空間の実験を繰り返すようなことばかりしていては、そう批判されても致し方ない。だからこそ被災地の特殊な状況、復興という困難なプロセスを受け止め、人が集まること、自然とともに暮らすこと、こうした当たり前のことに対し、丁寧に建築的知恵を提供し続けることをしなくてはならないと思うのだ。建築家の職能とは、そういうことだからだ。

もう一つは、眼差しの「解像度」だ。釜

石の街に見た複雑なコミュニティのありようを、単に親密だとモデル化して建築の根拠に位置付けるような部外者的な目線も、再考する必要があるだろう。そのためには、建築を作るための技術を磨くだけではなく、むしろ当事者としてその地に足を運び、被災地の状況、周囲を取り巻く自然環境、生業を軸に展開する生活様式に向ける眼差しの解像度を上げ、想像力をフル稼働させて必要な空間を炙り出す「技術」が必要なのだ。その先に次の時代に向けた街や建築の姿は浮かび上がってくるはずだ。それは今後建築界が、長い年月をかけて取り組んでいくことになる課題でもあるだろう。復興のプロセスは、建築家に何が可能なのかを問い続けているのだ。

上）「釜石市天神復興住宅」３つの柱棟の南北に縁側を互い違いに巡らせている。
下）「釜石市大町復興住宅１号」通り庭　©繁田諭

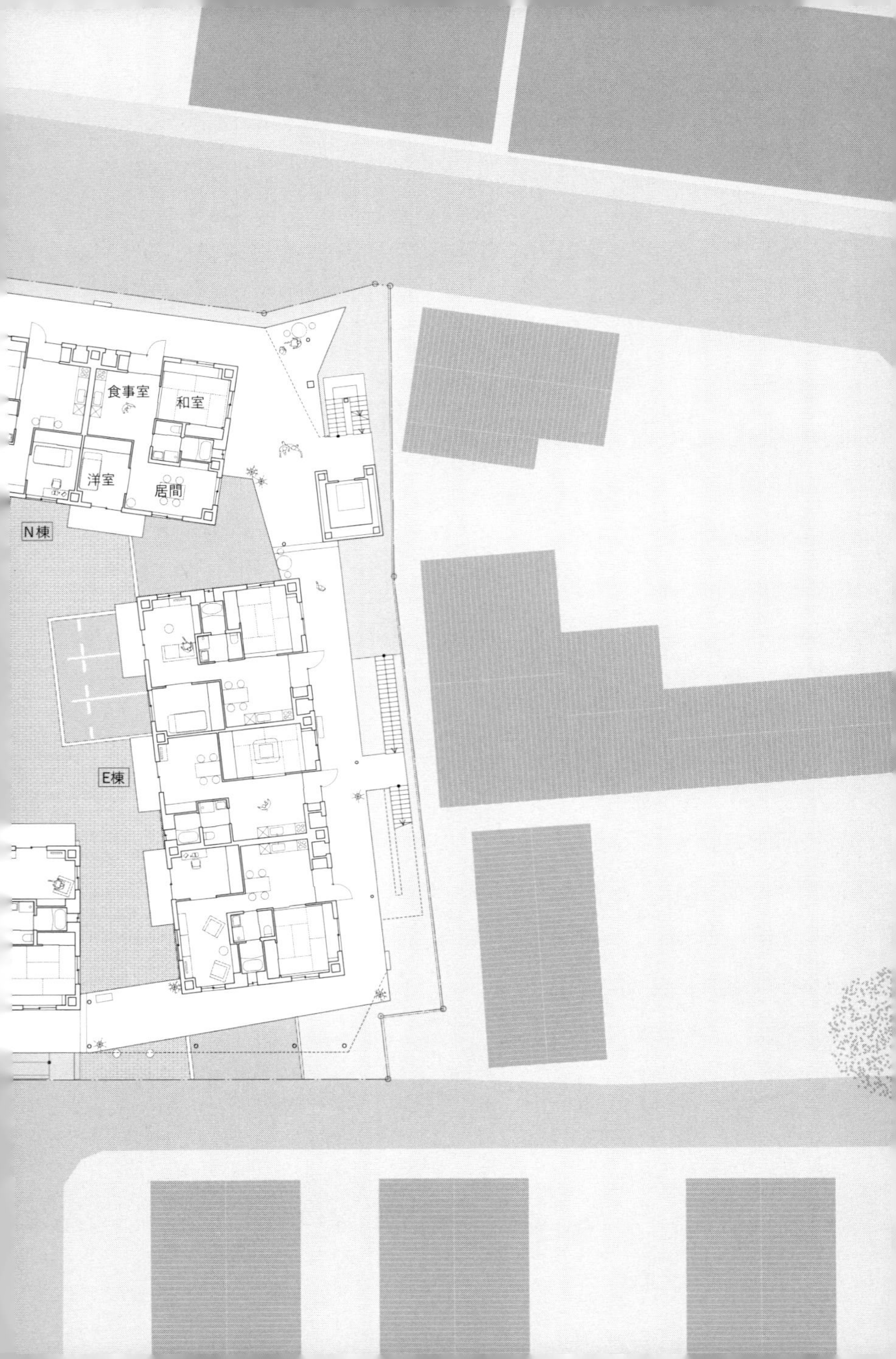

食事室
和室
洋室
居間
N棟
E棟

釜石市大町復興住宅1号　2階配置平面図（縮尺1:400）

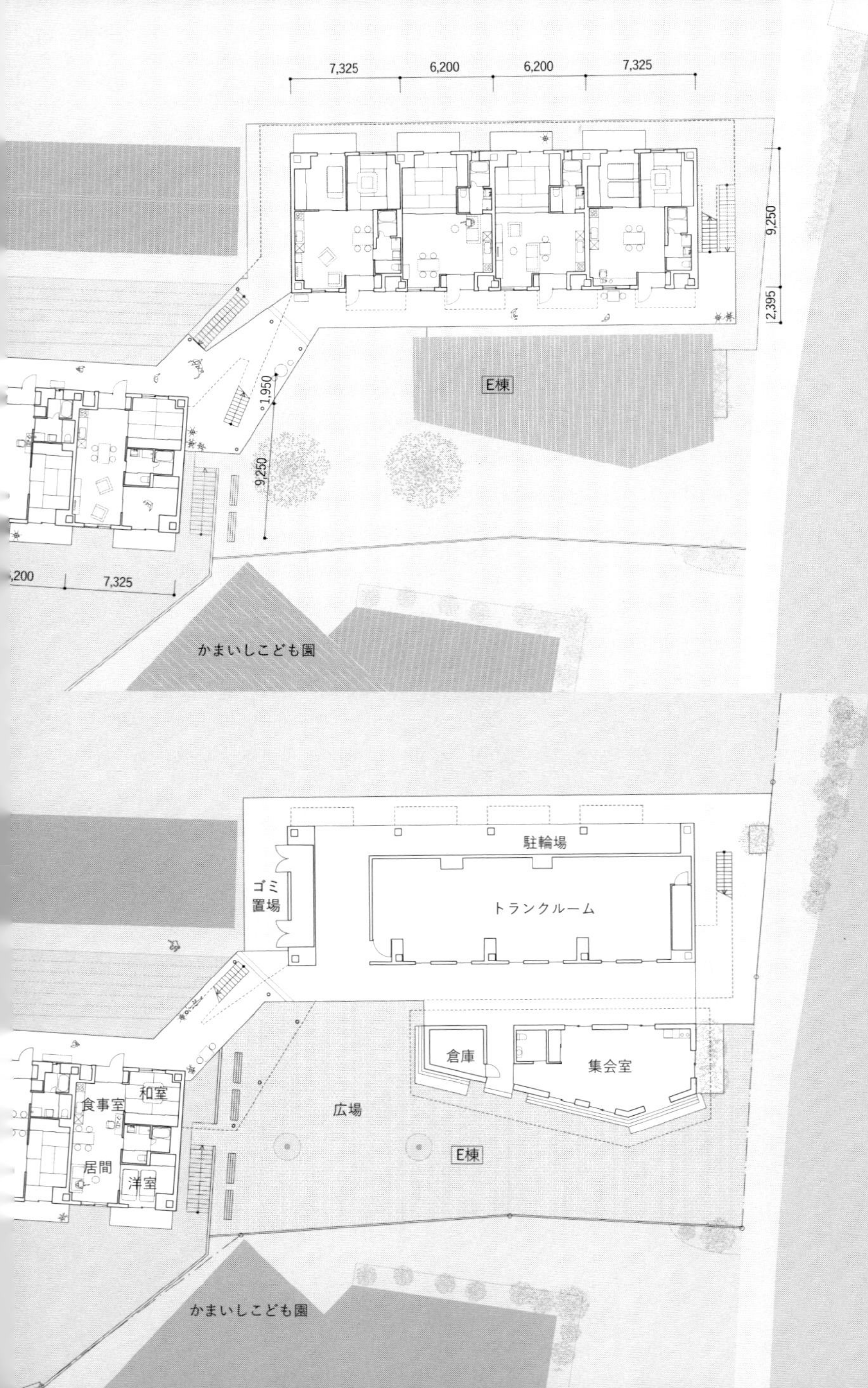
7,325
6,200
6,200
7,325
9,250
2,395
1,950
9,250
E棟
,200
7,325
かまいしこども園
駐輪場
ゴミ置場
トランクルーム
倉庫
集会室
食事室
和室
居間
洋室
広場
E棟
かまいしこども園

釜石市天神復興住宅 1,2階配置平面図（縮尺1:500）

# ツーリズムを通じて支援する

## ポタリング牡鹿

いくつかの偶発的な出会いが重なって、この「ポタリング牡鹿」のイベントは始まった。2011年7月にアーキエイドの活動の一環で牡鹿半島を訪れた際、震災直後の痛ましい光景に胸を痛めつつも、その美しい風景は僕を、いつかここを自転車で走りたいという衝動に駆り立てた。その後、高台移転など街の将来像を模索する中で開催したワークショップで、地元の漁師の方々やその奥様方から、観光客にも楽しんでもらえるような食材の提供を考えたい、いずれはカフェなどもやってみたいという想いを聞く機会が何度かあった。さらに震災から2年くらい経った頃だろうか、たまたまシンポジウムでご一緒した建築家の西田司さんと復興についての話をしていた際に、牡鹿半島での自転車イベントをやってみたいという話を持ち出した。西田さんはすでにISHINOMAKI 2.0で復興支援の活動を続けていたが、僕の話に深く共感してくれ、ぜひ一緒にやりましょうと力強く言ってくれたのだ。そこから先は、瞬く間にアイデアが具現化していった。やはり石巻で復興支援を継続していたYahoo! JAPANや地元のクマガイサイクルにも協力していただいて、2014年7月に第1回目のポタリング牡鹿が、STAND UP WEEKのイベントの一つとして実現することになった。

## サイクルツーリズム

イベントは、石巻をスタートして、自転車で牡鹿半島を一周して石巻に戻ってくるという実に単純なものだ。しかし自転車ならば、徒歩では辿り着けないところまで足を伸ばすことができるし、自転車のスピードで街を走れば、車では見落としてしまうたくさんの情報が身体に飛び込んでくる。自転車は、その土地の魅力を体感する最適なツールなのだ。当然お腹も空くし、どこかに滞在する必要も出てくるから、土地と親和性の高いツーリズムの仕組みにもなり得る。

2017年には4年目を迎えたが、参加者の声を反映しながらイベントは進化し続けている。1日で一周していたイベントは2016年から1泊2日のツアーとなり、再建された鮎川浜の「割烹民宿めぐろ」に滞在し、地場の食材を堪能しながら未来のツーリズムを考えるワークショップも開催している。また建築家の萬代基介さんが設計した鮎川浜の「おしか番屋」をエイドステーションにし、漁師の奥様方が作る朝食をツアーに組み込んだり、復興で進む各プロジェクトを巡るマップを毎年更新して、観光ガイドを参加者に配ったりもしている。復興のプロセスを体感し、地域の人々や地場の産物に触れられる機会は着実に増えていっている。

## 仕組みから考える

参加者数は宿泊のキャパシティで決まっている側面もあるが、毎年70人くらいの人たちが参加してくれている。ささやかだが、この地域に密着した小さな経済が、今後の新しい産業や人の流れに繋がれば、これに勝る喜びはない。そして牡鹿半島の魅力を体感した人たちが、この体験をさらに多くの人に伝えていけば、小さな経済もいずれ大きく育っていくだろう。

たまたま僕が自転車を趣味にしていたから始めた活動だが、他にもトレッキングや釣り、キャンプなど、地域にツーリズムを起こす種はまだまだありそうだ。実際、建築家の貝島桃代さんも漁師学校を継続していると聞く。こうした活動がきっかけで、従来の産業が新たな要素を巻き込んで少しずつでも進化していけば、それは未来に向けての前向きな復興にも繋がると思うのだ。復興支援をすぐに建築のプロジェクトに結びつけるのではなく、むしろ人の集まる仕組みを考え、その先に街の新しい観光と産業の連携や必要となる施設を考えていく。時間はかかるが、ハコモノありきの復興ではないやり方で、地域を支援し続けていくことが何よりも重要だと思うのだ。僕にとっては、これも一つの「建築」だからだ。

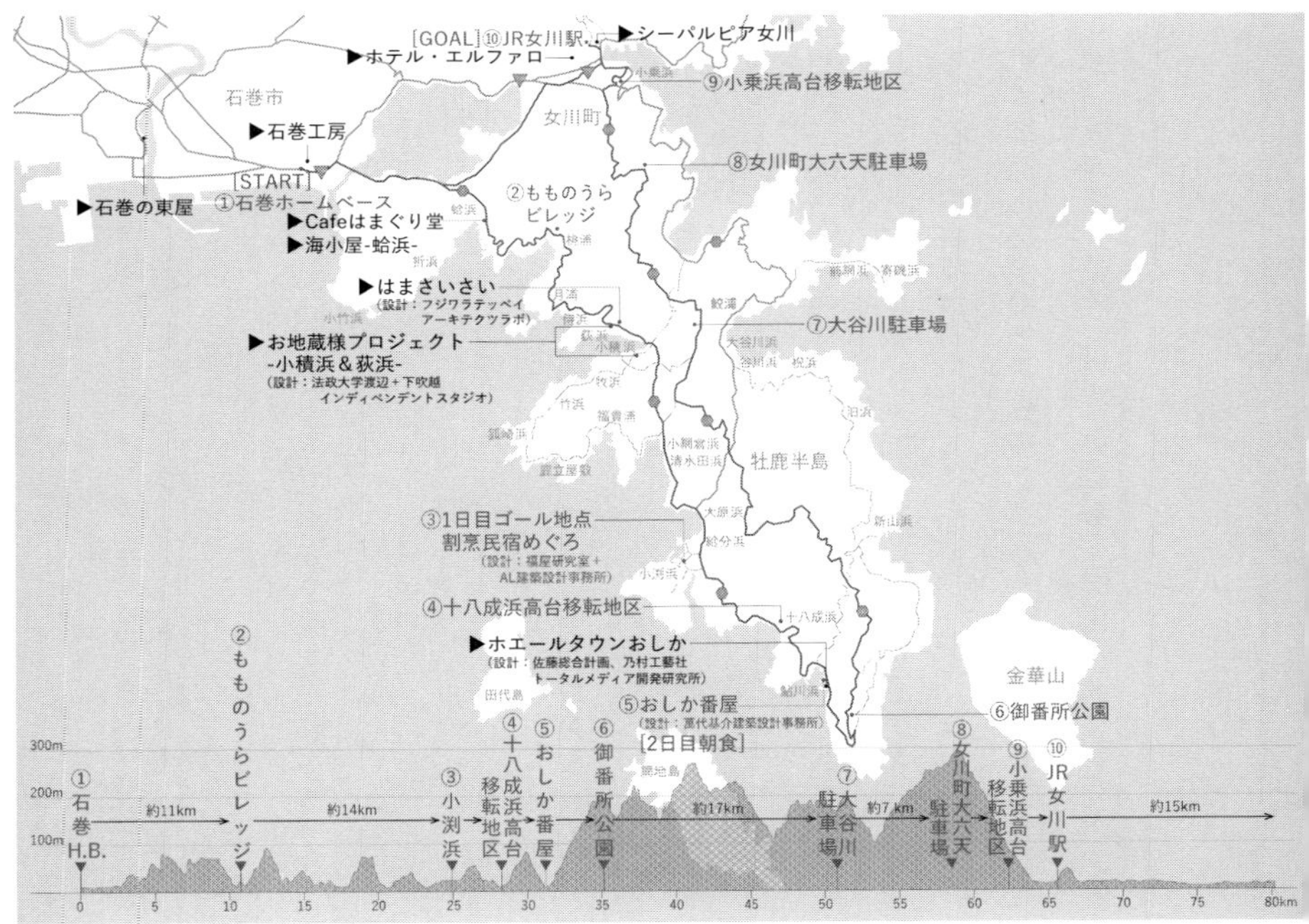


ポタリング牡鹿のコース

| 距離 | 81km |
|---|---|
| 最大標高差 | 287m |
| 平均斜度 | 全体0% 上り4.9% 下り4.8% |
| 獲得標高 | 上り1352m 下り1343m |
| 想定所要時間 | 車2h7m 自転車5h40m 徒歩17h2m |

## 「リアル」と「リモート」のツーリズム

2020年、新型コロナの世界的な蔓延によって、ポタリング牡鹿の開催は困難となった。しかし、復興支援は何とか継続したい。その想いで企画したのが、「リアル&リモートポタリング牡鹿」である。リアルは、地元のサイクリストが例年通り牡鹿半島を走るものだが、リモートは、リアルのコースと同じ獲得標高/同じ距離のコースを参加者がそれぞれの地元でデザインし、同じ日、同じ時刻にスタートするというものである。場所は違うが、同じ身体的負荷を伴う走行は、牡鹿半島のスケールや地形をリアルに想起させてくれるだろう。加えて夜は、毎年宿泊している牡鹿半島の「割烹民宿めぐろ」が、今回のために参加者全員に宅急便で届けてくれる石巻の地酒と宴会料理を頬張りながら、参加者全員でリモートのワークショップを行う。牡鹿の味を堪能し、各地のコース自慢や牡鹿への想いを共有する場は、同じ身体的疲労を共有しているからこそ格別だ。

リアルに走れないことは、残念である。しかし参加者一人一人が各地でポタリング牡鹿のコースをデザインすれば、日本を超えて世界各地から牡鹿半島にエールを送れるし、地域に届ける小さな経済も、食を通じて何とか維持できる。

離れているからこそ生まれる繋がりは、身体的な経験の共有を伴うことで、単なる画面上の共有を超えた新しい価値や共感を生みだすし、離れていることの価値の再発見もできそうだ。繋がること／離れることのデザインは、ポタリング牡鹿を超えて未来の住まい方、働き方にまで展開できる新たな仕組みにもなるだろう。

ポタリング牡鹿
上から）©藤末萌／©後藤巨人／
©LeeBasford／©後藤巨人

## 繋がりは正義か

コモンという概念がこれほどまでに注目されている現代は、僕たちの世代からすると少々こそばゆい。コモンやコミュニティに関する議論は、僕たちが学生の頃にも繰り返されたが、時代の空気としては、コミュニティからの切断こそが新しい建築を生み出す、というものだった。コミュニティを真正面から語ることは、どこか気恥ずかしかったのである。

しかし、2011年の東日本大震災を契機に、コミュニティや「繋がり」は社会的正義となった。繋がることは、建築のあらゆる場面で語られ、正当化され、空間化されている。確かに繋がりは、個人主義が深く浸透した戦後社会からの寄り戻しとして自然な流れだし、災害が繰り返される現代においては、最も信頼し得る社会基盤だといってもいい。しかし、現実に被災地に足を踏み入れてみれば、繋がりを求める人びとがいる一方で、ひとりになる時間の大切さを訴える声も聞こえてくる。人間は、もちろんひとりでは生きていけないが、一方で独りでいる時間も必要だという、人間の生物的、社会的側面がそこでは浮き彫りになっている。

槇文彦の「独りのためのパブリックスペース」(『新建築』2008年1月号)は、こうした状況を直接代弁するものではないが、人間の本質を突いた極めて重要な論考だと思う。彼は都市における孤独の重要性を指摘し、「独りのための素晴らしいパブリック・スペースとはまた多くの群衆が集まった時にも素晴らしいスペースであるということであった。」と語る。とかくパブリックスペースが、群衆か、あるいは抽象化された市民像を前提に語られているその短絡を、鋭く批評している。

建築の設計は、仮説のもとに構造化され、空間化されるのが常だが、そこでは分かりやすい仮説は重宝される。繋がりを仮説として掲げて設計していくことには、その点で誰もが反論できない社会的正義に支えられた説得力を持つ。しかし人間は、そもそもそれほど単純ではない。むしろたくさんの矛盾を抱えて生きている存在だ。その矛盾や複雑さを受け止めたうえで建築に何ができるのか、その解像度の高い人間に対する洞察と空間的アイデアこそが、建築家に求められているスキルだと僕は考えている。そして、独りでいることも一緒にいることも祝福するという、概念的には矛盾しているような状況を一瞬にして解決したり同居させたりしてしまう力が、建築の空間にはあるのだとも思う。

もちろん「繋がり」は、建築が取り組むべき最も基本的なテーマだが、一方でその仮説が建築の決定根拠になり、それがひとつの計画論、空間形式として定着していくことには慎重であるべきだろう。槇さんによるこの論考は東日本大震災前に書かれたものだが、今こそ広く読まれて欲しいと思う。

## 当事者意識と美しさ

熊本の震災を直に体験してはいないので、その時の状況は、想像力を振り絞って思いを馳せるしかない。それでも「公民館型みんなの家」の設計過程で地区の方々と交わした会話からは、力強い連携連帯が復興を支えたのだと、容易に想像することができる。その根幹にあるのは、当事者意識だ。公民館は、集会や料理、大切な行事だけでなく、ちょっとしたお茶の場にも使われる、地区になくてはならない公共の場だが、一方で皆がそこを自分の家の延長と捉えていることは、掃除や今後の維持管理にまで思いを巡らせる様からも感じ取ることができる。一人一人が当事者であることが繋がりの連鎖を生み、生きることを支えていたのだ。このような建築の姿を目にするのは、小さな公共建築とは言え、幸せなことだ。

では熊本市中心部ではどうなのか、ましてや僕が暮らす東京のような都市においても同じような人と建築の関係性が成り立つのだろうか。もちろん行きつけのカフェやお気に入りの公園はあるが、でも東京で災害が起きた時に拠り所になる場所や繋がりとなると、甚だ怪しい。近代資本主義は、モノに限らず社会の様々なサービスを貨幣価値に置き換えてきたが、その過程で僕たちは、地域の人たちと連携連帯することなく生きていけると思い違いをしてしまっている。だから建築も、消費の場か、公共から与えられる「施設」以上のものではなくなっている。果たして都市において、自分が当事者だと思える場、あるいは人と人の繋がりを媒介するモノやコトはあるのだろうか。

レベッカ・ソルニットは、「災害の歴史は、わたしたちの大多数が、生きる目的や意味だけでなく、人とのつながりを求める社会的な動物であることを教えてくれる。」(『災害ユートピア』、2010年、亜紀書房)と記している。自然の猛威が人々に利他的な行動を促すというわけだ。確かに自然は、思い通りにならないからこそ様々な面で人が支え合うことを誘導する。思えば阿蘇をはじめ熊本の大自然も、豊かな恵みをもたらすだけでなく、時に災害も引き起こしてきた。農作物も畜産物も、コントロール不能な自然を受け止め、折り合いを付けた結果として人々の生活に資しているのだ。天候不順が続こうが、ひとまず棚に商品が並ぶ都市が再考すべきは、こうした生活そのものなのだ。食だけでなくその生産やエネルギー供給、さらにはゴミ処理なども含め、自然が生きていくための資源として日常に織り込まれて初めて当事者意識は芽生えるのだろうし、そのための活動の場を、公共建築(たとえ劇場や美術館でも)が担うことができれば、都市にも人々が繋がる場は生まれるのかもしれない。

そしてもう一つ、みんなの家を設計しながら大切にしていたことも付け加えておきたい。それは、復興過程で必要となる建築には、「美しさ」が必要だということだ。美しさとは何とも漠としているが、設計においても施工においても、その時に可能な最大限の建築的知恵と労力を、地場の建築の延長上に築くことが、この美しさに通じるのではないかと思っている。

近年ではワークショップやボランティア的な活動を通じて被災地に寄り添うことは、建築家の責務となっている。確かに大切な姿勢だがそれが建築を説明可能なことだけでつくることや、時に素人さを身に纏って親しみやすさを演出することに横滑りしては、建築は人々の心を惹きつけることはできないと思うのだ。かつて地域の拠り所だった社寺仏閣は、同じ木造でありながら、自分の家にはない当時の技術の粋を集めたものだったはずだ。その、日常と地続きでありながらどこか飛躍した建築のありようは、地域の人たちの心を引き寄せ、当事者意識を牽引する原動力になっていたのだと思う。その意味で美しい建築をつくることは、僕たち設計者が担うべき当事者意識でもあるのだ。

# 地域文化資源の継承

2016年4月14日に起きた熊本地震は、地域に甚大な被害をもたらした。数多くの住まいが失われたことは、ただただ痛ましい限りだが、各地域が大切にしてきた公民館も、ことごとく倒壊してしまったことは、地域のコミュニティにとって、計り知れない喪失感をもたらす事態であった。その公民館を「みんなの家」として再建しようと、建築家の伊東豊雄さんが立上がり、日本財団の援助を得て、事業が動き出した。再建にあたっては、アトリエ・ワンと僕たちの事務所が指名され、それぞれが5地区を担当しながら進めることとなった。

公民館は、どの地区においても集会や料理、宴会や映画鑑賞など、さまざまな目的で使われる。震災後は、避難所や防災拠点としての役割も期待されているから、公民館はまさにみんなの家であり、地域の中心でもある。しかしながら、各地区でワークショップをしてみれば、もちろん敷地条件は異なるし、使い方にも地域性が表れて、料理を大切にする地区もあれば、集会こそ主要な行事だという人たちもいる。部屋を小さく仕切って使いたいという声もある。その様は、長年にわたる日常性の中で公民館を介して培われた地域文化資源の広がりを見るようでもある。

そこで建築は、地域でつくり続けられてきた在来木造平屋を基本とし、可能な限り大きな広間と、台所やトイレ、備蓄倉庫などを擁する下屋、そして炊き出しや気軽な集いの場としての大きな軒下空間、縁側で構成することにした。構造は、下屋から伸びる登り梁が対面からの登り梁を支える「人」の字形をした架構が広間と下屋の構成にふさわしいと思い至ったが、たまたまどの地域も南側には地域に見守られてきたサクラやカエデ、農園、あるいは子どもたちが遊ぶ公園などがあったため、母屋の方向を南側で90度回転させ、南面は柱間を広げて大開口をとり、北側は小さな柱間でハイサイドライトからの光を柔らかく取り込むことにした。

これは震災復興という状況下で生まれた建築だが、結果的には、広間と下屋という基本的な形式を踏襲しつつ地域に応じて変形し、また長い年月に渡って培われてきた在来木造を、土地の文脈に応じて読み替えて再構築するという設計に辿り着くこととなった。これは、ヴァナキュラーな建築群がごく当たり前に継承してきたプロセスでもある。設計において、忘れてはならないことだ。

# 「みんなの家」を通した公民館の再考

千葉学＋塚本由晴＋貝島桃代

——はじめにプロジェクトのきっかけを伺えますか？

**塚本由晴（以下、塚本）**　熊本県では、2016年熊本地震に伴う仮設住宅団地の整備に合わせて、住宅団地の集会所が「みんなの家」として整備されてきました。それはアートポリスで建築文化を築いてきた熊本だからこそできた取り組みです。地元の若い建築家が多数設計に関わり、九州・山口県の建築系大学の学生団体「ＫＡＳＥＩ」をはじめ、多くのボランティアが訪れ、被災した人びとと共に活動する場となりました。それに対して今回は、被災した集落の公民館を「公民館型みんなの家」として建て直すものです。アトリエ・ワンと千葉学さんの事務所で5棟ずつ計10棟が計画され、ようやく4棟が完成したところです。

**貝島桃代（以下、貝島）**　「みんなの家」は、伊東豊雄さんが中心となり、2011年の東日本大震災の仮設住宅団地のコミュニティ拠点として始まり、その後いろいろな枠組みに広がったものです。民間寄付による資材提供や施工における職人・学生の協力などを得て実現されました（*）。東日本大震災における自治体の復興計画と住民が必要としている場のずれに対する伊東さんの問題意識がもとになっています。熊本地震の応急仮設住宅団地でも、アートポリスのコミッショナーである伊東さんが中心となり、仮設住宅地の集会所としての「みんなの家」が計画されましたね。

**千葉学（以下、千葉）**　仮設住宅団地に建てられた「みんなの家」は、仮設住宅の窮屈な住環境を補完すると共に、いろいろな地域に住んでいた人びとが1カ所で暮らす状況の中で、集落間を超えた繋がりを媒介する場でもありました。それに対して今回は、もともとあった集落の公民館の建て替えなので、長年一緒に暮らしてきた人たちのための場です。

**塚本**　「みんなの家」が復興という非常時において重要な役割を果たしたことは実証済みですから、今度はその役割を常時にも繋いで、地域それぞれが抱える課題に柔らかく向き合う場に展開していくことがプロジェクトの骨子だと理解しています。

――事業の枠組みについて教えてください。

**塚本**　日本財団の「わがまち基金」を活用し一般財団法人熊本県建築住宅センターが事業主体となって、建築家が設計し、熊本工務店ネットワーク（ＫＫＮ）の協力のもとその加盟工務店が施工します。完成した建物を建築住宅センターが買い取り、それぞれの地区の町役場に譲渡し、各地区が運営管理を行います。おかげで復興時につきものの、つくり手不足、建設価格の高騰により入札が不調になる、という事態を避けることができました。

**千葉**　東日本大震災で岩手県釜石市が開始した官民連携による買い取り型の事業の仕組みに近いものですね。釜石市の最初の事業である「釜石市大町復興住宅1号」をはじめ、4つの公営住宅の設計に僕も関わりました。買い取り型は発注側にとっては予算超過や工期遅延などのリスクを回避できる仕組みですが、一方で建設費を事業者が持ち出しでつくらなくてはならないため、プロジェクトに参加できる企業が限定されたり、結果的に地元企業が参画しにくいという困難な側面もあります。それに対して今回は、KKNという地元工務店のネットワークが受注体制を組んでくれたことで、受注先が見つからないといった不安もなく進めることができました。KKNが介在したことでもうひとつよいと思ったことは、1棟目ができた時に2棟目以降を手がける工務店が見に来て、施工のポイントを共有していたことです。情報共有が密にできたことで、設計側も施工側も余計な手戻りがなく進められたと思います。

**塚本**　問題の解決策を協議する場に、次の現場を担当する別の工務店も参加して意見を述べるといったこともありました。また熊本県が委任している木造設計アドバイザーからは、技術的なことだけでなく、木材の流通、加工といった社会的背景を踏まえた具体的な意見を伺えました。

## 生活と連動した公民館

――設計で考えられたことについて教えてください。

**塚本**　切妻屋根のワンルームを仕切るのではなく、大小2種類のディメンションがあるワンルームをつくり、小さい方に水回りや避難に備えた備蓄倉庫をまとめました。結果的に、片流れの主屋と下屋が寄り添う断面構成は両事務所とも共通しています。

**千葉**　必要とされていたのは、集会やさまざまな行事に使う大きな広間とそれを支えるインフラで、この構成は地区を越えて共通でしたからね。使われ方に正直に向き合った結果、両事務所とも同じ形式に辿り着いたんだと思います。

**塚本**　公民館という同じ用途の建物の改築なので、プロトタイプがあり、それが敷地条件、住民数に応じた面積、地区ごとの要望の違いで少しずつ変形され、特色が生まれるように考えました。KKNのネットワークを生かすには共通性があった方がよいわけです。

**千葉**　アトリエ・ワンと事前に共有していたわけではありませんが、プロトタイプをつくるという点も同じでしたね。しかし実際に各地区に行くと、集落ごとに習慣や気質も微妙に異なり、要望もそれぞれに異なるものでした。それがプロトタイプごとの差異として、計画に反映されています。

**塚本**　プロトタイプがあるので、地区の性格の違いが現れやすいのかもしれません。子育て中の若いお母さんたちがいる地区はアイランド型キッチンを望みましたが、キッチンは隅の方でかまわないという地区もあります。一緒にごはんをつくって食べるイメージが異なるわけです。またポンプ車庫の併設を希望する地区もあります。消防団の人たちが道具を外に並べて手入れしたり、訓練したり、懇親会があったりするそうです。他にも実に多様な地区の活動があるのですが、それらが公民館には現れてくるのです。

## コミュニティ転換期における公民館の更新

**千葉**　今回の設計を通じて思ったことは、公民館が対象とする住民規模によって、その担う役割が相当に変わってくるということです。もともと公民館は、「社会教育を提供する場」として官が用意した場でしたが、都市部では、こうした教育の場は既に外在化していて、民が担っているところもある。同じように、その背後に潜在するコモンを支える役割も社会に既に織り込まれているので、公民館が担う役割をむしろ特化した方がうまくいく場合もある。一方、今回計画地となった集落の人口はせいぜい100人前後です。このような規模の集落にはもともと公共施設もありませんから、公民館は、地域住民にとって立法の場でもあり、行政の場でもあり、自分たちで管理運営する日常の場でもあるわけです。そういう意味でここでの公民館は、「みんなの家」の精神に最も寄り添ったものだったと言えます。

**貝島**　復興の現場に通い、集落の話し合いに参加していると、集落が持っていた習わし的なコミュニティのつくり方と自治体が持つ戸籍制度が若干ずれていることに不思議な感覚を持ちました。日本の集落にはお寺、神社があって、それぞれに拝殿やお堂などの集会施設的なものがあり、お寺には檀家、神社には氏子がいて、その代表組織とメンバーにより習わし的なコミュニティは形成されています。たとえば昔のお寺や神社は、お祭りやお葬式など集落の生活のすべてに関わっていました。一方で、近代以降、集落に新しい産業と共に移り住んだり、家が分家して入ってきたりと、新しく住民登録された人たちが責任を持って活動する地区のコミュニティ拠点として、公民館が必要とされたのではないかと思います。

**塚本**　檀家や氏子といった地縁に属するメンバーシップに対し、戦後民主主義のよりオープンなメンバーシップに対応するのが公民館だということですね。

**貝島**　東日本大震災の復興の現場では、お寺の氏子も神社の檀家もどんどん減少する中、地震により傾いた拝殿を取り壊して本殿だけ残そうという選択も議論されました。しかし民間施設のため公的な予算が付きません。したがって、その再生には檀家や氏子による寄付が必要ですが、震災等で被害を受けた人びとに負担はかけられない。こうした中、安価かつ今後の持続的な施設運営において効果的な復旧が重要です。私たちの関わった福島県南相馬市塚原の神社では、傾いた構造を戻し、補強を板倉構法で行い、屋根瓦を下ろし屋根の形をシンプルにした上で板金にしました。また鎮守の森のヒノキをみんなで伐採した木材で鳥居の一部を復元しました。こうした復元はコミュニティのイベントになり、地域の人びとが元気になりました。つまりコミュニティ施設やコミュニティそのものが変革の時期にある中で、「みんなの家」という呼び方が面白いのは、コミュニティの境界を曖昧にし、もう一度議論する枠組みをつくろうとしていることかもしれません。

**塚本**　公民館の中には図書館的な機能を含む大型のものもありますが、小規模の公民館は何かを所蔵しているわけではなく、その地区の人びとが出入りし、暮らしを支える便益施設なので、人口構成や暮らしの変化を敏感に映すものになりますね。キッチンやトイレなどに時代を感じて、反射的に受け付けないという人もいるでしょう。人口構成が劇的に変化する時代に入り、コミュニティの変革期にある今、世代更新すべき社会的条件が既に揃っているビルディングタイプと言えそうです。

**千葉**　戦後の民主化政策により各地域に設置されてきた多くの公民館は、老朽化などで建て直しの時期を迎えていますが、同時に当初の社会教育という意味も問い直す時期です。公民館というビルディングタイプを支えていた社会背景、対象とする人口単位、想定する当事者など、いろいろなことを考え直さなくてはいけませんね。

## 建築の当事者性

——東日本大震災、熊本地震のふたつの災害の復興支援に関わられて、考えられたことについてお話いただけますか？

**貝島**　千葉さんとはアーキエイド（東日本大震災における建築家による復興支援ネットワーク）の繋がりで、一緒に復興について考え学ぶ機会がありました。被災地でできることできにくいこと、地元が問題だと思うことなど、東日本大震災の経験で学んできたことには、復興現場の設計を進める上で抑えるべき点があると思います。お互いにもがきながらやってきたことが、今回なんとなく雰囲気が近いかたちとしてでき上がったことは興味深く思います。

**千葉**　アーキエイドでは、月1回集まり情報共有や議論を重ね、建築家同士のネットワークで何ができるか考え続けました。失敗や成功を共有しながら実践を継続できたことはとても大きかったですね。ただ、ふたつの復興は特殊な状況下でやってきたとはいえ、ここから生まれた建築のあり様や設計姿勢は、建築が情報と化してしまった現代だからこそ一般解として展開し、次へと繋げていきたいことです。

**塚本**　この数年間は、我われはどこに、何のために建築をつくるのか、とばかり考えてきました。復興支援で向き合うことになった人びとは、今まで私が建築で向き合ってきた人びととは違うなと、逆に私に意識させることになりました。特に東日本大震災で被災した漁師さんたちは圧倒的でした。こういう人たちがいて、こういう暮らしがあるんだと。それが建築をつくることのどこに反映されるか一例を挙げると、都市部では経済活動である建設を待つ土地として「敷地」が用意され、そこに当然のように建築がつくられるのに対し、漁村の土地は畑や樹木などの生産に充てられ、家や作業小屋は生業を支援するものとして、事物連関の中に建てられてきたのです。しかし高台移転をはじめとする復興事業は、「敷地」の論理で押し進められ、何代にもわたる漁師の暮らしの中で織り上げられてきた事物連関が復興する機会を奪ってしまったかもしれない。そう考えると怖ろしいですが、建築というものを考え直すならそういうことからではないかと思っています。

**千葉**　特に今までの公共建築の設計のプロセスは、ワークショップが定着したとは言え、建築家が建築の主体となる人たちとダイレクトに関わる枠組み自体がありませんでした。ですから、今回の「公民館型みんなの家」のように、明確に見える主体が設計にも建物の使い方にも関わるというあり方が、公共建築として実現できたことがとても大きいと思うのです。

**塚本**　それは言い換えれば当事者性が宿るかどうかということで、建築にとって大きな課題だと思います。建築が向き合えるものは多く、その多様性がデザインを豊かにしてくれることもある一方、当事者性にとっては夾雑物となるものも多いので、惑わされずに人びとに向き合いたいですね。

**千葉**　今回の「公民館型みんなの家」では、上棟式では地区の方々総出で餅撒きするし、竣工を心の底から喜んでくれ、建築の原点を見るようでした。近代化の過程であらゆることを抽象化しモデル化して組み立てる中で、建築の主役である当事者も同様に抽象化、モデル化されたことがいちばんの問題で、そこにある個別性にもう一度目を向けるべきですね。

＊「みんなの家」第1号の建設にあたり、熊本県はアートポリス事業の一環として、木材の提供を含めた建設費を負担し、コミッショナーの伊東豊雄氏、アドバイザーの桂英昭氏、末廣香織氏、曽我部昌史氏の3名による共同設計が行われた。

**塚本由晴**（つかもと・よしはる）
１９６５年神奈川県生まれ／１９８７年東京工業大学卒業／１９８７〜１９８８年パリ・ベルビル建築大学／１９９２年貝島桃代とアトリエ・ワン設立／１９９４年東京工業大学大学院博士課程満期退学／２０１６年より東京工業大学大学院教授、２０２２年Wolf（芸術）賞

**貝島桃代**（かいじま・ももよ）
１９６９年東京都生まれ／１９９１年日本女子大学卒業／１９９２年塚本由晴とアトリエ・ワン設立／２０００年東京工業大学大学院博士課程満期退学／２０００〜２０２１年筑波大学にて講師、准教授／２０１７年よりETHZ Professor of Architectural Behaviorology、ＮＰＯチア・アート理事。２０２２年Wolf（芸術）賞

上）「北甘木地区」 外観
下）「北甘木地区」 内観

©新建築社
©Vincent Hecht Photography

「北甘木地区」 いつでも誰でも立ち寄れる軒下空間。 ©新建築社

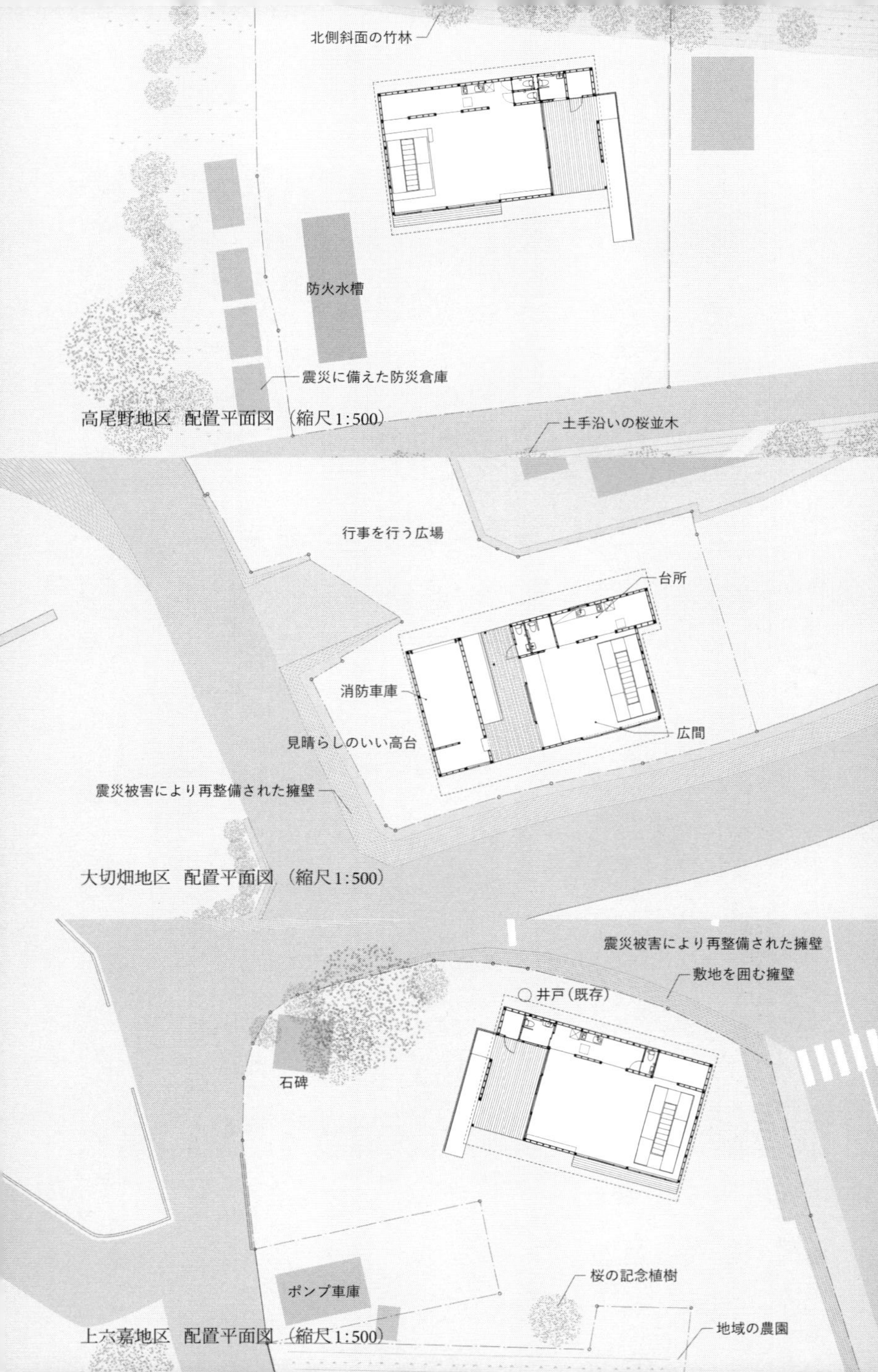


高尾野地区　配置平面図（縮尺1:500）

大切畑地区　配置平面図（縮尺1:500）

上六嘉地区　配置平面図（縮尺1:500）

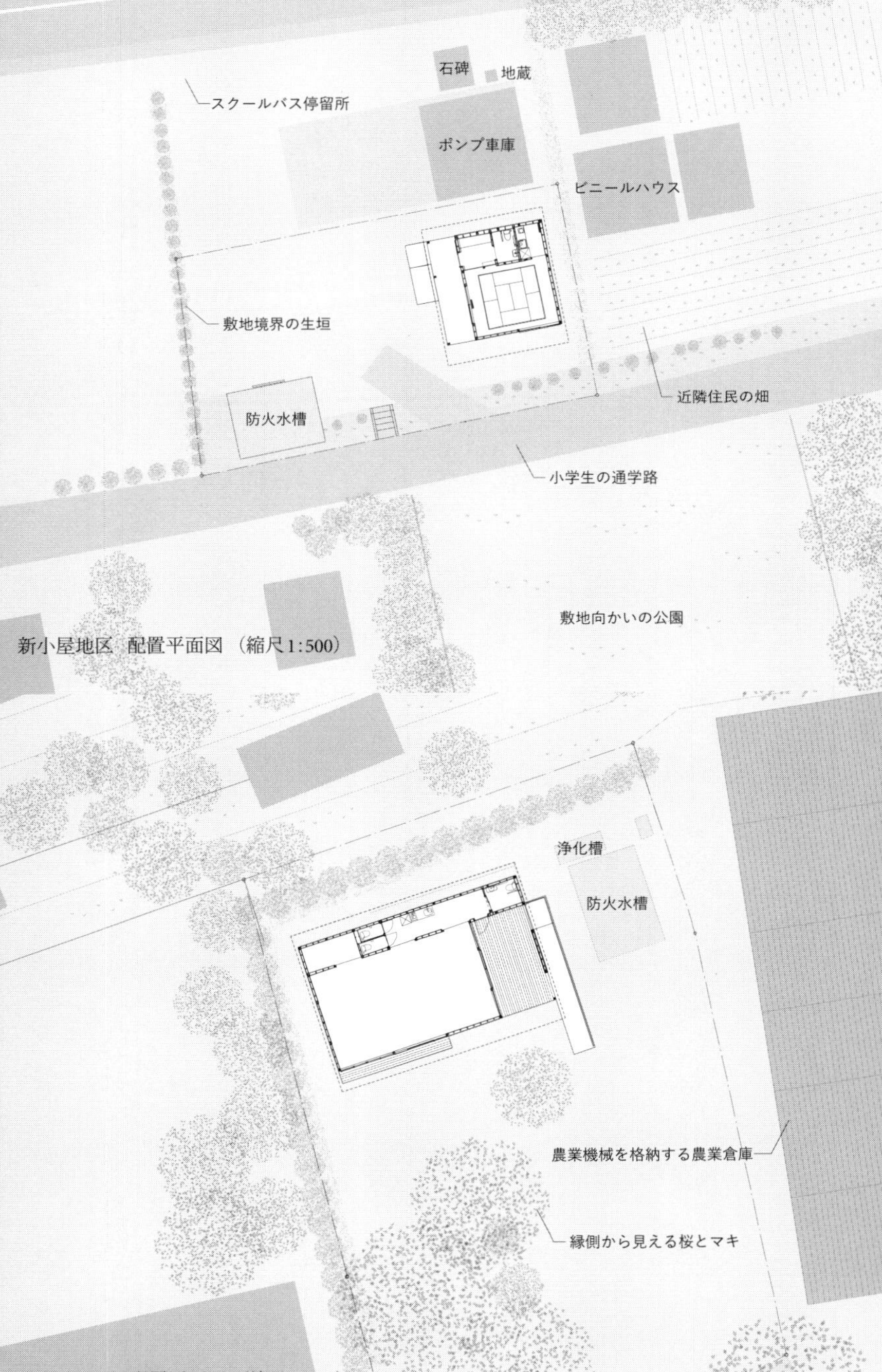


新小屋地区　配置平面図（縮尺1:500）

北甘木地区　配置平面図（縮尺1:500）

# 土木、都市計画、建築、家具、サインをシームレスにつないでつくる公共空間

## 駅前整備のガイドライン

福井県敦賀市の玄関口である敦賀駅と直結した交流施設「オルパーク」と駅前広場の整備計画が、2015年9月にようやく完成した。2005年に初めてこの地域に関わる機会を得てから、約10年もの歳月を費やしたことになる。

そもそも具体的な計画にかかわるきっかけは、敦賀の駅前に建つ福井大学の研究棟について相談を受けたことに始まる。北陸新幹線開通を視野に入れ、今後の駅前開発の最初の一手となる建築がいかにあるべきか、その助言がきっかけで駅周辺整備構想策定委員会に参画し、駅周辺地区の将来に向けたガイドラインなど、整備指針の素案をつくることになった。そのかかわりが交流施設の計画へと繋がり、最終的には駅前広場の設計にまで関与することになったのである。

当初は具体的な建築計画があったわけではないが、私たちは以下の三つが重要なテーマになると考えた。一つは「緑陰をつくる」、もう一つは「居場所をつくる」、そして最後が「街並をつくる」である。敦賀という街は、原発のイメージばかりが先行するが、実際に訪れてみれば、実に数多くの魅力溢れる場所や出来事に出会う。港町の色彩を色濃く残す海辺の風景、街中にエアポケットのように出現する気比神宮と豊かな緑地、そして美味しい食材や北陸らしいアーケード街など、挙げればきりがない。しかしながら駅前は、将来の整備に向けた暫定利用地の印象が拭えず、人々の居場所も限られている。だからこそ敦賀の駅前を、こうした魅力を凝縮した場所にしたい、そんな思いが三つのテーマに結実したのである。その後この交流施設の計画が具体化するのだが、ガイドライン策定を通じて考えていたテーマは、かたちを変えながらも計画のたびに立ち返る基本理念になったのである。

## 人の居場所としてのオルパーク

最初に実現したオルパークは、駅の改札に隣接して建つ待合室であり、売店やレストランであり、また新幹線が開通する将来においては、多くの人を受けとめるロビーのような役割も視野に入れた施設である。一方で交流施設という名が示すとおり、単なる待合いを超えて人々が出会い、交流したりできる、街の公民館のような役割も期待されていた。ちなみに「オルパーク」という名前は公募によって決まったもので、この地域の方言の「おる」、つまり「居る」という意味の「公園」ということだ。市民にとっての居場所となるような駅前への期待が、この名前にも込められている。

実際の設計にあたっては、市民との対話が大きく方向性を決めることになった。もちろん数多くの検討案をつくったのだが、市にも了承された当初案は、切妻屋根が連なる大空間を中心に据えたものだった。それは、大中小の切妻屋根が連なる港湾部の倉庫からヒントを得たもので、その魅力的なシルエットが駅としてのシンボル性と敦賀の街のアイデンティティの融合として相応しいと考えたからである。しかし市民説明会の場で、多くの反対意見が出されることになってしまう。倉庫のような佇まいに対する疑問、雪国対策への懸念などがその主たる理由だった。だがそれ以上に大きかったのは、明治42年頃のかつての木造駅舎の記憶を継承してほしいという市民の強い想いだった。

その後は、かつての駅舎をいかに継承するかが大きなテーマとなった。そこでまず私たちは、わずかに残る写真から図面を起こすことを試みた。木造下見板張り、両翼に伸びた執務空間の間に切妻屋根の架かる駅舎は、壮麗なものだ。おおよその大きさも把握できた。復元という選択肢も浮上する。だが、規模的にも機能的にも今日の要求にはとても応えられないし、復元するには資料も乏しい。また、資料の有無の問題以上にノスタルジックな思いでの復元は、商業主義的で公共施設に相応しくない。むしろ私たちなりの目でかつての駅舎を再解釈し、新たな交流施設へと物語を繋いでいくほうが、街の将来の顔には相応しいのではないか。そんな思考を経て、両翼の執務空間を耐震要素も兼ねたコンクリート造の「箱」で再現し、その周囲をガラスのスクリーンで覆うという案に辿り着いたのである。両翼の「箱」は、開口部の大きさや仕上げをかつての駅舎と同じようにつくり、中はがらんどうにして待合室や売店、ロビーなどとして多目的に使える空間とする。一方、外周部のガラスは鉄骨で支え、街・線路に対して開放的な表情とし、駅と線路を視覚的につなぐよう試みた。二つの「箱」とガラススクリーンに挟まれた空間は、将来の駅前の開発も見据えて自由に通り抜けられるコンコースとし、また空調における緩衝帯とすることで、寒い冬への対策にも役立てる。外壁はスチールの溶融亜鉛メッキにリン酸処理を施して耐候性をもたせ、「箱」の表面はスギ板張りとした。黒っぽい外壁は、北陸の街には暗すぎるという意見も出たが、暗い空の下に暖かく灯る家の灯りこそ、北陸の美しい風景だ。黒っぽい外壁の奥に浮かびあがる木の「箱」は、その風景へのオマージュなのである。

長い時間の中で紆余曲折はあったが、このプロセスの中で市民のさまざまな想いや敦賀の歴史、そして未来に向けての布石など、多くのファクターが投影されたものとなった。これは決して、私たちだけで生み出すことのできたデザインではない。建築が対話によって生まれる価値は、そこにあるのだと思う。

## 市民活動の背景としての駅前広場

オルパークの完成の後に、駅前広場の設計も、地元福井の建設コンサルタントであるサンワコンとともに引き続き行うことになった。そこには、交流施設と一体的にデザインされた駅前にしたいという市側の強い思いが働いている。建築だけでなく、駅前広場も一体的に設計できることは稀なことだが、設計者としては幸運だった。もちろん土木的な要素もあれば、都市計画によって規定されることも多々あって、すべてをゼロから設計できるわけではない。バス停やタクシー乗り場のためのキャノピーが設計の中心だ。だが私たちはここで改めて駅前広場を、土木や都市計画、建築、さらには家具やサインまでをシームレスに設計していくことで、新しい広場のあり方を提案したいと考えた。

それは、日常的に駅を使う利用者の視点から導かれている。当然のことだが駅前は、駅に到着した人々が次なる場所へと向かう結節点である。バスやタクシーなど、別の交通手段に乗り換えたり、自家用車で乗り付けた人が駅に向かう場でもある。観光バスが発着することもあれば、街に訪れた人が、観光情報を得ることもある。駅前には既存の商店街も残るから、広場は店先空間にもなる。こうしたさまざまな立場の人々にとって使いやすい場にするのはもちろんのこと、交通、観光などの多くの情報が的確に伝わる場でなくてはならない。そこで、私たちは必要な情報を足し算して、結果的に混沌とした状況を生み出すのではなく、すべての要素が土木、都市、建築といった領域を横断しながら空間の中で最適化された状態を生み出すことで、最も機能的であり、かつ、人が主役になった美しい駅前広場をつくろうとしたのである。

そのためキャノピーを、単にバスやタクシーを待つ人のための屋根にするだけでなく、それがサインになり、ベンチになり、時刻表になり、さらには広告掲示板や街の地図にもなることで、要素を可能な限り減らそうと考えた。キャノピーの構造体は壁柱として情報を身に纏うサインボードとし、また壁柱には、強い季節風を防ぐ役目も担わせてベンチを設け、待合いの時間に腰掛けられるようにした。構造体の鉄の仕上げはオルパークと同様、溶融亜鉛メッキにリン酸処理を施し、軒裏は木で仕上げ、所々に設けたトップライトからの光と相まって、暖かみのある軒下空間を生み出した。

西側の市民駐車場は、日常的には送迎などのための場としているが、イベント開催時には広場として使えるよう、可能な限り床仕上げを歩道に近付け、面的な広がりを損なわないようにしている。既存の商店街に連なるアーケードはそのまま残し、新しいキャノピーを隣接させている。その狭間は、店先空間として、あるいは敦賀の街の伝統的な行事である「駅前ふれあい市」にも使えるよう、植栽と一体になった広場状の空地としている。そしてタクシープールのある広場中央は、これからの時代に向けて、さまざまなエネルギー政策に柔軟に取り組む敦賀市からのメッセージとして太陽光パネルを設置し、夜間の照明の電力を賄っている。

建築や家具、サインなどを統合的に扱い、また地面を連続的な場として扱うことによって、駅前広場は余計な要素が切り落とされた、清々しい空間となった。それは、ただ単にミニマルな空間をつくることを目的として生まれた建築ではなく、むしろここに集う人々がいきいきと活動する姿こそが財産であるという想いから生まれた、背景としての建築である。

## 小さな単位が生み出す全体性と「ゆらぎ」

キャノピーは、小さな構造単位の集合体として設計している。コの字型のチャンネルが合体して一つの梁となり、それらが連なってキャノピーの大きな屋根をつくるものだ。このような構造形式を採用するに至った理由は、一つには空間のイメージから来るものであり、もう一つには駅前広場の機能と都市計画的な線形への対応から導かれている。

空間のイメージは、駅前でバスやタクシーを待つわずかな時間にも、木漏れ日が届くような、心地よい場を提供したいという想いから発している。北陸の冬は寒く暗い。だからこそ快適な季節の到来は余計に印象深いし、また冬の暗い空から時折覗く青空は、幻想的ですらある。その微かな光を象徴的に表現したいという想いから、なるべく小さな単位で構造体をつくり、その間を適宜トップライトとすることで、微かな光や雪明かりが落ちてくるようにした。

もう一つは、先にも記したように、道路線形や広場、あるいはバス停やタクシー乗り場の位置など、都市計画的な要素の配置に柔軟に追随することが必要になるだろうとの読みによる。多くのことは決定されていたとはいえ、道路線形の変更の余地は残したかったし、一方で交通機関との調整は、まだまだ時間がかかることが想定されていた。仮に大きなフレームで全体を組めば、構造の形式が支配的となって、調整は大掛かりになる。しかし小さな単位の集積にすれば、こうした調整を柔軟に受け止めることができる。

そこでまず、耐震上必要になる壁柱にサインやバス停、広告掲示板などの機能を担わせ、さらにベンチも合体し、壁柱をさまざまな機能を包括する要素とし、そのうえで、全体の構造のグリッドを交流施設とは45度振ったかたちで設定した。それは、サインが改札を出たときの視線に正対し、最適な向きであるということと、季節風などを遮るのにも相応しい方向に壁柱を設置しやすいと判断したからである。チャンネルのピッチは７５０㎜、これを縦横に展開させ、柱はその交点に適宜落とす。こうしてバス停の位置やサインの配置など、微細な変更に極めて柔軟に対応できるシステムができあがったのである。

交流施設と同様、素材は鉄板に溶融亜鉛メッキにリン酸処理を施した黒色の素材だけで構造体をつくり、あとは軒裏を必要に応じて木で仕上げている。それは、外部の気候に随時曝される場所であるため、可能な限り仕上材や二次部材は減らしたいということ、また鳥や昆虫が巣をつくったりすることを避けるため、なるべく平場をつくりたくないということ、さらには天井面からの輻射熱を軽減するためにも木の仕上げが有効であると考えたからである。ディテールも、極めて即物的で単純なものとし、ひとつひとつの梁をフラットバーを介してボルトで縫うことでほぼ完成してしまう設計としたのである。しかしながら、現場監理はユニットを組み上げるだけ、というわけにはいかなかった。特に困難を極めたのは、ユニット間の調整だけでなく、コの字に曲げた鉄板が45度に切断されることで生まれる誤差、つまり鉄板の厚み分がもたらす不揃いな幅をいかに調整するか、であった。最終的には曲げ方、寸法の取り方によってその誤差を吸収することとしたが、こうした地道な作業は、極めて誠実で技術力の高い地元の建設会社と鉄骨ファブがいたからこそ可能になったことである。

計画の進捗に応じて随時小梁を追加したり、間引いたり、柱の位置をずらしたりと微細な変更を許容しながらも、全体としての構造システムに大きな変更を加えることなく成り立つ形式、あるいは微細な変更を受け入れつつも基本的な空間の質が変わらず、むしろ自然界や都市がもっているような「ゆらぎ」を生み出すことにも繋がるような建築のあり方は、身体的な心地よさをもたらしてくれるが、同時にさまざまな立場の方々と対話をしないと建築自体が成立しない時代において、極めて有効な方法論にもなると思う。

上）「敦賀駅交流施設 オルパーク」サインやベンチを統合したキャノピーとオルパーク。©奥村浩司（フォワードストローク）

下）「敦賀駅交流施設 オルパーク」コンクリートで作った「木の箱」とそれを包むガラススクリーン。©新建築社

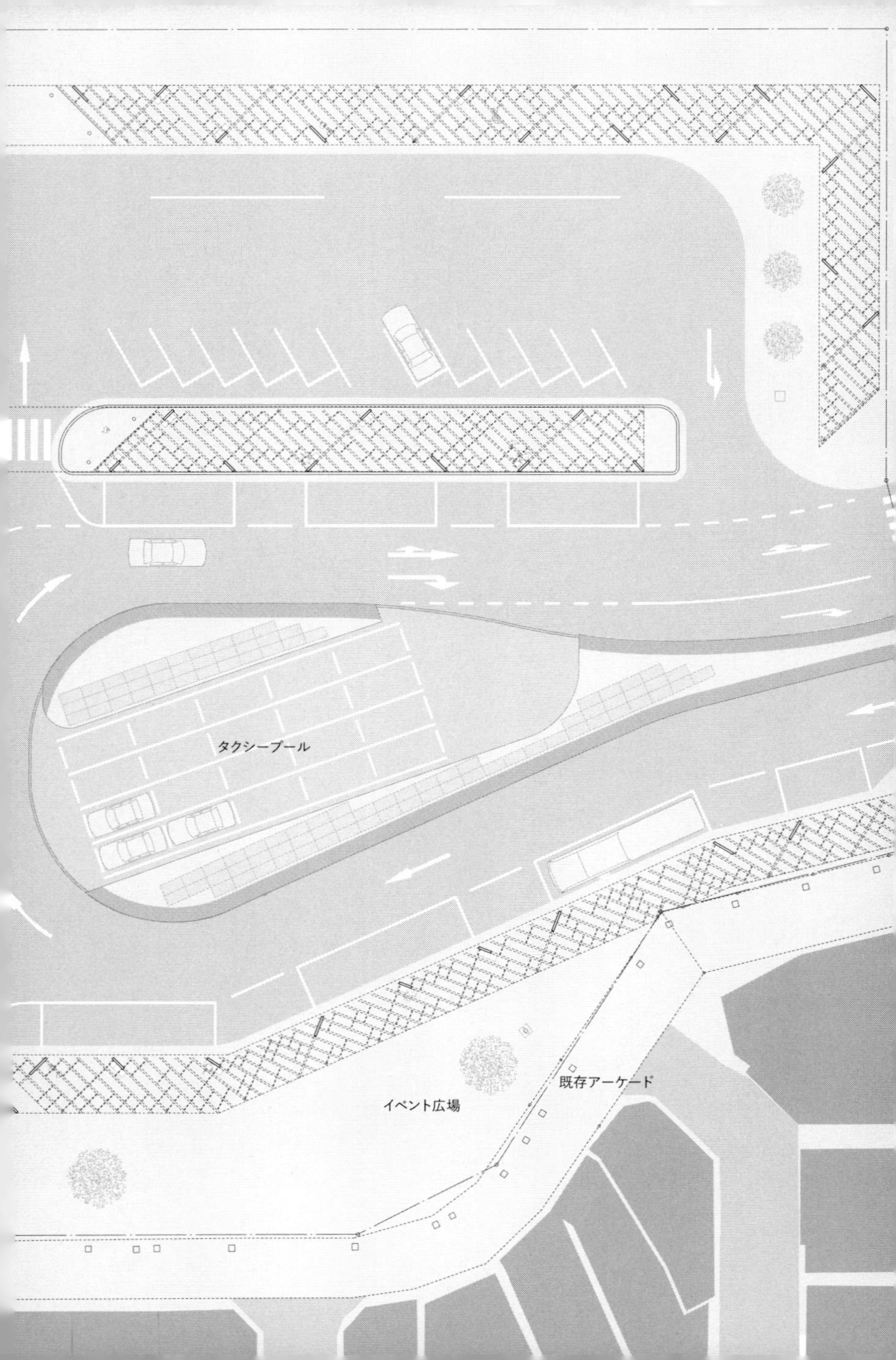
タクシープール
既存アーケード
イベント広場

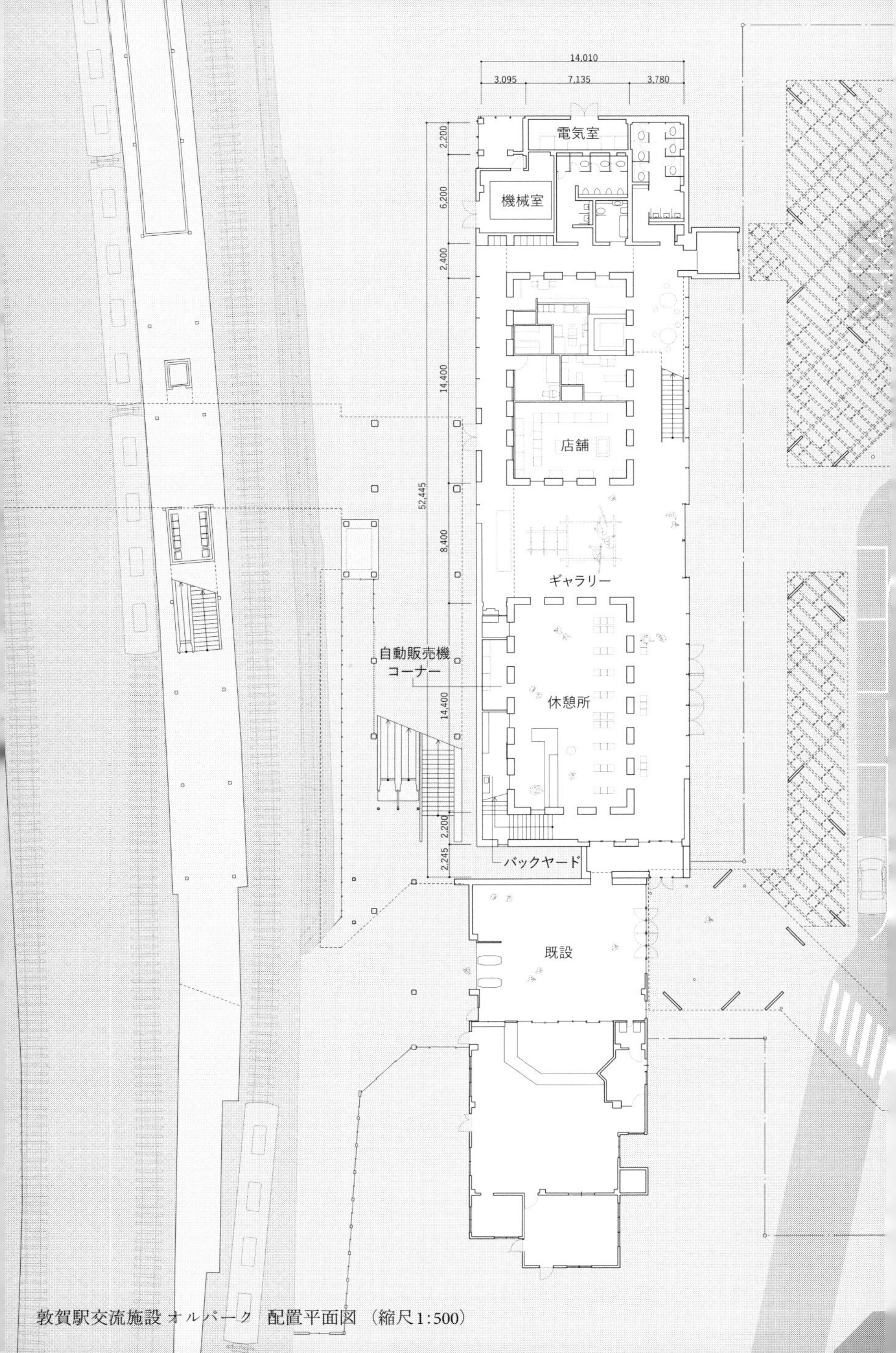


敦賀駅交流施設 オルパーク　配置平面図（縮尺1:500）

# 庁舎は公共性を育むことができるのか

## 庁舎の誕生

役所、あるいは庁舎という建築によいイメージを抱いている人は、いったいどのくらいいるのだろうか。必要な書類を発行してもらうとか、届け出をしなくてはならないなど、何か用事があれば行かなくてはならない場所だが、積極的に行きたいと思うような場所ではないことは、多くの人に共通する認識ではないか。もちろん庁舎には、小さな村役場もあれば、都庁のような巨大組織のための場もあるわけだから、それらをひと括りにして語ることはできないが、庁舎に向ける市民感覚は、いずれの場合も似たようなものだろう。

そもそも日本で庁舎なるものが世に生まれたのは、明治4（1871）年の廃藩置県に遡る。それまでの藩による支配が廃止され、全国に府と県が設置されることになるわけだが、この改革によって日本は中央集権的な統一国家をかたちづくり、地方には、自治体の行政・立法を司る機関が設置されることになったのである。いわゆる庁舎というビルディングタイプが生み出されるのはこの頃からである。庁舎は行政や立法の実行機関がその主たる機能だが、それまで寺社などによって行われていた戸籍や住民票の管理といった業務も移管され、庁舎はさまざまな次元で市民の生活を支えると共に、数多くの市民情報を管理することになるのである。このような動きは全国に広まり、数多くの庁舎が津々浦々につくられていくのである。

## 市民空間の出現

ここで庁舎の歴史を詳細に追うことはできないが、大雑把に振り返れば、明治時代に数多くつくられた庁舎が戦後になって、建築的にはモダニズムの流れの中で建て替えられ、あるいはその時点で建て替えが実現できなかったものはバブル期前後に建設され、そして今日に至っては、戦後の庁舎群が建て替えの時期を迎えている、ということになるだろうか。仮に明治時代の庁舎を第一世代とするならば、戦後、あるいはバブル期前後に建て替えられたものが第二世代、そして今日建て替えられている庁舎は、第三世代となるものが多いのではないかと思われる。近年では、市町村合併など、老朽化や狭隘化とは異なる理由による建て替えも増えてきているから、場合によっては第四世代のものもあるのかもしれない。

第一世代の庁舎はそもそも庁舎としてつくられたものばかりではなく、また当時の洋風建築や擬洋風建築の流れの中で生み出されたものも数多くあるから、その建築の姿から庁舎としてのありようを一概に判断することはできない。しかし、そこに見る正面性や対称性の表出は、市民管理、あるいはお上の象徴としての庁舎のイメージを見事に補強することになった。しかし第二世代になると庁舎建築はモダニズムの流れの中で大きく変貌していく。執務空間は20世紀を象徴するオフィス空間のひとつとして、均質空間をモデルとして立ち上がり、その一方でピロティや大きな市民ロビーなど、新たな空間要素も登場してくる。このような変化は、人口増に伴う業務の拡大、それに伴う窓口業務の増大がその主たる要因だが、それ以上に行政府や立法府が権威の象徴として立ち上がるのではなく、むしろ市民に開かれた公共空間として位置付けられるべきだとする公共性への指向が空間に投影されるようになったと見た方がよい。その後の庁舎建築は、公共空間としての低層棟と業務空間としての高層棟という形式をひとつの雛形として展開する。バブル期には、この公共性が肥大化して巨大なアトリウムとなって象徴性にすり替えられたり、あるいは市民サービスという側面が加速されることによって、庁舎が郊外に移転することすら促されることになるのである。提供されるサービスとその受容者という関係性への偏重は、場所の問題を置き去りにしてしまうのだ。いずれにしても、庁舎が市民を管理する場としての権力の側に振れるのか、あるいは公共性や市民サービスを提供する側に振れるのか、このふたつの側面が時代や地域との関係性の中で揺れ動いてきた過程が、そのまま庁舎の空間の歴史でもあったわけである。

## 新たな公共性の姿

では、今日の庁舎はいかにあるべきなのだろうか。

市民の情報管理は、もちろん強化され続けている。電子化により、個人情報の管理という側面は情報空間の中に隠蔽されつつあるが、マイナンバー制度の導入に象徴されるように、管理はさらに包括的かつ高度になっている。こうした動きに相反するかのように、市民サービス的な側面はさらなる拡充が期待されている。日本社会全体の高齢化と共に、福祉や保健関係の窓口の需要は高まっているし、最近では子育て支援や生涯学習、あるいは防災など、より細分化されたサービスが必要となってきており、またプライバシーに配慮した個別相談窓口やキッズスペースなどへの要望も強い。もちろんワンストップサービスなど、市民に対する利便性を高める窓口構成も、もはや当たり前のことになっているから、これまで市民ロビーなどが担ってきた空間の役割は、かたちを変えつつも生き長らえている。モダニズム以降の均質空間への批評的試みは、庁舎に限らずあらゆる業務空間で繰り広げられており、職員のための執務環境の快適さも、追求されなくてはならない。加えて、単なるデスクワークを超えたさまざまな次元でのインタラクティブな働き方に応じた空間も求められている。そして当然のことながら、社会構造の変化に呼応した新たなサービス業務や組織改革などに対して柔軟に対応できるよう、長期にわたったフレキシビリティを備えた空間であることも必須である。他にも環境的な配慮、開かれた議会など、庁舎に求められる空間的要請は数限りないし、こうした要請に対する最適解を見出すことは、設計の大前提だ。

このような状況の中で、市民協働など、行政への市民参加の機会が増えつつあることに応えた多様な組織のための空間づくりが欠かせなくなってきていることは、興味深い。行政の役割を市民が担ったり、市民の関わりによって新たな政策が生まれたりと、そこに見る行政と市民の関係性は、単にサービスする側、される側といった図式を超えた、市民の積極的な参画によって育まれる新しい公共性の姿である。そこに必要となる空間は、かつてのような権威の象徴としての姿ではもちろんないし、巨大なロビーやアトリウムなどでもない。なぜなら、こうした大空間は、公共性を纏っているように見せながらも、所詮きわめて厳格に管理された空間でしかないからだ。

## 「ソト」を豊かに

僕たちが今現在設計を進めている「府中市新庁舎」は、「おもや」と呼ぶ庁舎空間と「はなれ」と呼ぶ市民活動空間によって挟まれた「通り庭」が敷地の中央を貫いている。そこは誰で

「府中市新庁舎」模型。建築は主な業務機能を担う「おもや」と市民に開放可能なプログラムを抱える「はなれ」から構成される。　©西川公朗

も通り抜けられる外部空間であり、隣接する大國魂神社の緑と連携した、この地域でしか生み出し得ない親密な街路空間でもある。そこに行けば、庁舎におけるさまざまな活動を直接的に感じ取ることもできるだろうし、庁舎の閉まっている夜や週末に訪れて、気ままに腰を下ろして一休みしていったってよい。

外部でありながら外部でないような親密さを持った空間、外部だからこそ体感できる地域固有のアクティビティ、外部だからこそ感じられる四季折々の風景、こうした土地固有の魅力を存分に感じ取ることのできる「場」は、建築の内部によってではなく、むしろ建築群が生み出す「ソト」によってこそ実現可能なのだと思っている。内

部という管理空間に縛られることのない「ソト」でのさまざまな出来事が日常生活に織り込まれていくことで、市民協働などに象徴される公共性は、仕組まれたものとしてではなく、本来の意味での自発的な行為として繰り広げられることになるのではないだろうか。

## 「はなれ」の可能性

もうひとつ、この「はなれ」そのものの存在価値にも触れておきたい。もちろんここは、当初は市民協働の場として想起された空間だが、打ち合わせの過程で、そこは既に庁舎の機能の一部が染み出してくるような場にも読み替えられつつある。庁舎の規模や組織、またそこに生起するさまざまな活動は、将来にわたっても変化し続けるものであるから、このような事態は当然の成り行きである。だからこそ、このような「余地」にも近い空間を庁舎そのものとして計画することは、公共性の開拓に多くの可能性をもたらしてくれるのだと思う。もちろん休日に使うことのできる会議室として、時には夜遅くまで開いているカフェとしても使えるだろうし、場合によっては、テナントが随時変わっていくような貸しビルにも近い状況だって、想像してみてもよい。庁舎の機能は、その時代の市民サービスの需要に応じて常に変化し続ける有機体であるわけだから、このような伸縮を受容する余地も、庁舎が提供できる公共性のひとつのかたちなのだ。そしてこの「通り庭」のような「ソト」、あるいは余地としての「はなれ」

「府中市新庁舎」スタディ。市民協働スペースや食堂、ギャラリーなど、市民に開放できそうな庁舎のプログラムを手がかりに検討が続いた。最終的に、ふたつのL型の建物を絡み合うように配置し、中央を誰もが利用できる場所とした。

は、自治体の規模や地域性、その土地の歴史性などに呼応して、時に商店街のようになったり、会所地のようになったり、あるいは軒下空間のようにかたちを変えながら展開していってよいものだと思う。庁舎が建築としてひとつの完結性を求めるのではなく、その土地に応じた「ソト」や「はなれ」を抱え込みながらこうした「場」を生み出せば、庁舎における業務と市民の日常生活がさまざまな活動を通じて媒介されることも、ごく自然に起こるだろう。公共性とは、こうした空間と活動の媒介から生まれるひとつの動的状態だからだ。このような庁舎が実現すれば、用事はなくても行ってみたい、そんな新しい公共空間が日本の津々浦々に出現することになるだろう。

駐輪場
職員用駐輪場
レストラン
テラス
総合案内
厨房
ロビー
レストラン
大國魂神社
ピロティ
通り庭
資料整理室
視聴覚スタジオ
地下駐車場
入口
報コーナー
多目的スペース
倉庫
歴史コーナー
控室
4,500
7,200
7,200
7,200
7,200
7,200
7,200
7,200
7,200
9,600
71,700
200
7,200
7,200
7,200
9,600
14,400
60,000

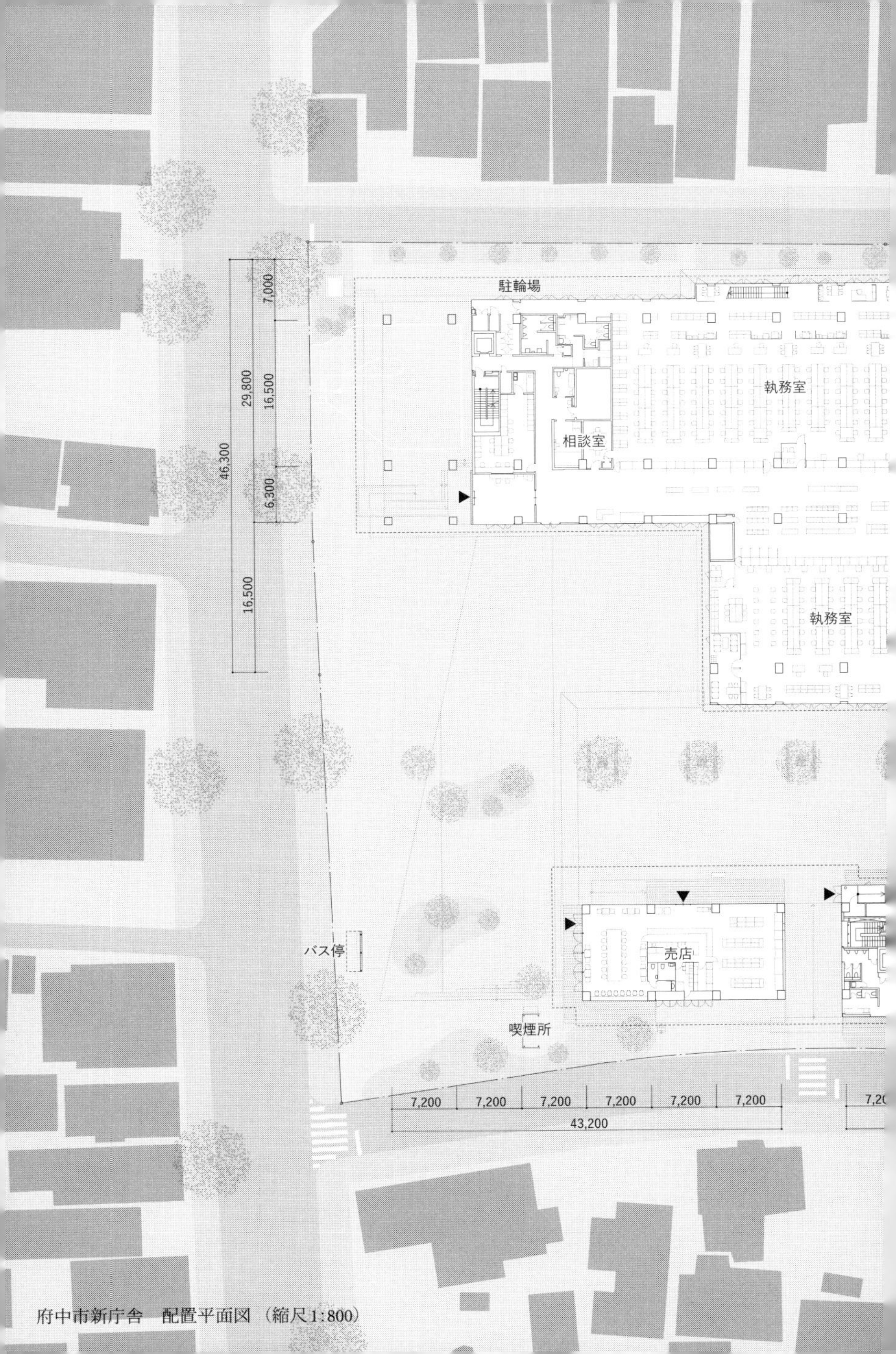


府中市新庁舎　配置平面図（縮尺1:800）

# トコロアサオの紋様が伝える世界

## ——野老朝雄×青森市所蔵作品展「個と群」

トコロアサオに初めて出会ったのは、もう20年も前になる。AAスクールの江頭慎が率いるワークショップに帯同して新潟に来ていたときだ。僕自身、たまたまそのワークショップを見ようと現地を訪れたのだが、その時に溢れんばかりの笑顔で野山を駆け巡り、人懐っこい表情で僕の方に近づいてきたのが彼だったのだ。その時は、確か建築に関する話を二言三言交わしただけだったが、彼の痩せ細った風貌と弾けるエネルギーは強く脳裏に刻まれた。

その後しばらく交流も途絶えていたが、何年か後にまた突然僕のところに連絡が来た。いろいろ作品をつくり始めているから見て欲しいというのである。彼によるとその作品群は、建築を続けるか否かの苦悩からの「リハビリ」だと言う。そのころ彼が住んでいたのは確か目白。古い木造家屋の一角の、モノで溢れかえった部屋だった。訪ねてみれば、何かに取り憑かれたかのような表情のトコロがそこに居て、無心にモノと向き合っていたのだ。その時に初めて見せてもらったのが、彼が「ピースコ」と呼ぶ万華鏡のようなものだった。それは鉄管にビー玉を入れただけの無骨なもので、しかし覗けば実に美しい光の花が目に飛び込んでくるものだった。驚いたのは、誰もが目にしたことのあるありふれた材料が、相互に組み合わされることで突如として工芸品かと思うほどの輝きを放ち、しかもメッキやガラスの持つムラまでもが、その美しさを増幅していたことだった。その後でき上がる度に見せてもらった作品は、「コロ」と名付けられた木製パズルやボール紙でつくった立体パズルなど、実に多岐に渡ったが、いずれもが、極めて素朴な造形が繋がったり繰り返されたりするうちに、突如饒舌に語り始めてくるような不思議な力に充ちていた。

正確に時期は覚えていないが、ある時ふと気づくと彼の作品群は、こうした立体造形から平面の紋様へと移行していた。時期を同じくして、僕自身も自らの設計においてトコロアサオと協働する機会がごく自然に増え、建築作品を紹介する雑誌の誌面構成を一任したり、建築のサイン計画をお願いしたりと様々な協働が始まった。中でも２０１２年に完成した「工学院大学１２５周年総合教育棟」のファサードを覆うメタルスクリーンは、僕たちの建築の印象を決定付ける極めて重要な要素になったのである。

ところで作品が3次元から2次元へと移行したことは、彼の言う「リハビリ」が終わったこと、つまり3次元の建築からの脱却を意味するようにも受け取れるが、しかし僕にとってその展開は、むしろ単純な形態の反復、増幅、連結、こうした関係性のデザインから浮かび上がる秩序や原理と、その先に垣間見える豊かな世界に対する彼の確信の表れではないかと思っている。先の工学院大学においても、使っている形態は円形、それらの中心を結ぶと正三角形や四角形、五角形になるなど、説明されると拍子抜けするくらい単純な幾何学でありながら、しかしこれまで誰も見たことのない美しい紋様になっていることに、僕は驚嘆したのである。このような紋様は、自然界に存在する数々の秩序、例えば鳥が群れをなして飛ぶ時の美しさや太陽系の惑星群の配列がつくる空間性、あるいは風がつくる波や風紋の繊細さなど、数々の現象にも準えることができるが、同時に極めて数学的な思考の末に立ち現れる表現なのだとも思う。それは、単に計算し尽くされた図形などといった意味ではなく、例えば直角三角形の三辺に $a^2+b^2=c^2$ という関係性があるというピタゴラスの定理を知った途端、それまで何気なく見ていた三角形という図形が、壮大な宇宙すら宿っているかのような新しい世界として立ち現れてくる興奮にも似たものなのだ。そして実は、紋様や建築に限らずあらゆる芸術は、本来このような多様で複雑な世界に潜在する秩序に何らかのかたちを与えることにあることに、改めて気づかされるのである。

展覧会「個と群」は、トコロが彼なりの視点で数々の民俗資料を再構成したものである。改めて興味をそそられるのは、古代から人々は紋様を描き、様々な道具や偶像をつくり、またその形式を継承しながら繰り返し描き、つくり続けてきたという事実である。果たして縄文の時代に数学的な思考があったかどうかはわからないが、恐らく植物や動物、気候や天体、こうしたあらゆる自然界の事象との対話の表現としてあったことは間違いない。そして時代を超えて描きつくり続けることで、彼らは長い時間の中での人々の繋がりと、そして世界の多様性を表現してきたのだと思う。トコロがこうして様々な時代の民芸品を対象に、時間も空間も飛び越えて新たな関係性を見出そうとするかのように作品化しているのは、その意味で古代から続く人間の営みと同じ地平にあるが、しかし同時に彼にしかできない極めて現代的な創作でもあるのだと思う。

今や、あらゆる技術を駆使してどんな紋様だって造形だって生み出すことのできる時代である。そのような現代に生きる人間にとって、トコロの仕事が発するメッセージは、とてつもなく大きなものに感じられる。

Ⅱ

# 「道具」としての建築

## 感染拡大とグローバリゼーション

由来のわからない新しいウイルスが中国で発見されたというニュースを耳にしてから日々テレビに映し出される感染状況の推移は、信じがたいものだった。毎日のように世界の各都市が赤く塗り潰されていくその広がり方とスピードは、人やモノが極めて高速かつ大量に移動している現代社会をリアルタイムに可視化しているようだった。

今なおパンデミックを引き起こしているCOVID－19は、ウイルスとしては大変賢いらしく（実際に知性があるわけではないが）、それが収束を困難なものにしていると言われている。しかしながらそれ以上に事態を深刻にしているのは、グローバリゼーションの進んだ世界が、ウイルスの側からすれば極めて好都合な環境だったということだ。

考えてみれば20世紀は、高速かつ大量に人やモノを移動させることが、人類が目指した一つの価値であったし、そのために技術は進化発展してきた。高速に移動する電車、飛行機、車が可能にしたのは、都市と郊外という空間構造であり、食住分離の労働集約型の社会構造であり、また欲しいものはすぐに手に入る消費社会であった。希少性を一つの価値として全世界を貨幣経済の市場にしてしまったグローバリゼーションにとって、この高速かつ大量の人やモノの移動は、エンジンそのものだったのだ。

しかしながらこのエンジン故に感染拡大は加速し、皮肉にも多くの人たちの移動に制限が課されることになってしまった。世界中の多くの人たちは、どこに移動するのか、なぜ移動するのか、いかにして移動するのかなど、移動することの意味と手段を解像度高く見極めなくてはならない環境下に置かれていたことと思う。この状況は、仕事場だけでなく住環境も、そして大学などの教育環境も大きく変えることになってしまった。

## 新しい距離感

ここで一つ注目しておきたいのは、このような自然災害が起きるたびに、人間相互の「距離」がクローズアップされることだ。コロナ禍においては、感染防止のために相互に距離を保つことがもはや社会規範となっているが、思い起こせば東日本大震災の復興過程においても、コミュニティや人々の繋がりが声高に叫ばれた。片や離れろ、片や繋がれとベクトルは両極に向いているが、どちらもが人間相互の「距離」に関わる点であることは、興味深い。さらにこうした動きを受けて、コロナ禍においては多くの人がSNSをはじめ、実に多彩な方法で繋がりを求める活動を展開し、また東北では、繋がりの大切さを十分にわかった上で、1人になれる時間や場所の価値が再確認されもしたのである。つまるところ人間は、1人でいることも他者と繋がることも必要なのだというごく当たり前の事実が、自然に直面する中で炙り出されたのである。レベッカ・ソルニットは、「災害の歴史は、わたしたちの大多数が、生きる目的や意味だけでなく、人とのつながりを切実に求める社会的な動物であることを教えてくれる。」(『災害ユートピア』、2010年、亜紀書房)と指摘している。自然の猛威によって社会システムが不全に陥った時に、人間の本能にも近い側面が剥き出しになるということなのだ。

コロナ禍において特に顕著だったのは、そこにオンラインデバイスが介在したことで、この「距離」は単に離れるか繋がるかといった二項対立で捉えられるような単純なものではなく、見えるけど触れられない、声は聞こえるけど姿は見えない、遠いけど近くに感じるといった、心理的、感覚的な距離も含めた関係性が幾重にも絡みあう場面が、日常生活の中で意識化されたことである。働く場では、打ち合わせの趣旨や参加者に応じてオンラインか対面かを見極めることは日常となり、在宅ワークの場面では、同じ空間を共有しながらも、夫婦別々に仕事に集中できる環境の必要性も高まった。あるいは屋内で行われていたことが屋外で行われることも度々となり、活動の場は、屋内や屋外といった空間の境界も揺るがしつつある。つまり、物理的な距離だけでなく、心理的な距離や感覚的な距離も含めた多様な「距離感」が、新たな働き方や住まい方を立ち上げていく上での重要な指標に浮上したのである。

## 教育空間の変容

このような新たな距離感は、教育現場も大きく変えつつある。

東大では、第一回目の緊急事態宣言が発出されて以降、ほとんど全ての授業がオンラインになった。自分の研究室の学生にすら会う機会のないまま、パソコン上でのやり取りが続いている。この状況は、とりわけ建築教育にとっては致命的だ。模型を前にして、触ったりひっくり返したりしながら発見的な議論をしたり、スケッチの上にトレペを重ねて形を探ったり、あるいは製図室で偶然目にした友人の案に触発されて自らの案を練り直すといったことは、効果を簡単に数値化できはしないが、失われた痛手は大きい。いやむしろ、パソコン上での議論が継続したからこそ、こうした教育の価値に、改めて確信が持てたと言ってもいい。

しかしながら、オンライン化によって、多くの気付きや変化が齎されたことも事実である。例えば講義の出席率は上がった。家が遠く、出席が億劫だった学生にとってはハードルが下がったのかもしれないし、他学科の学生が気軽に参加できるようになったこともあるかもしれない。もしかしたら、大学で友人に会うことを苦痛に感じていた学生が、ストレスなく講義を聴く契機になったこともあるだろう。僕たちが感じ取ることのできていなかったいくつものバリアや距離が、オンラインによって取り払われたのだ。質問が増えたこともある。チャット機能に自由に書き込むようにした途端、気楽に質問してくる学生が増えた。教員との間に感じていた距離が、一気に縮まったのかもしれない。従来では気軽に開催できなかった海外の建築家を交えた演習やシンポジウムも容易にできるようになった。現場から中継する演習だってできる。物理的な距離や時間の圧縮が現実になると、新しい講義形態は連鎖的に編み出されていく。さらに思考を巡らせれば、オンラインで講義を聴きながら、学生同士が対面で自由に議論する場だってありそうだ。講義中のお喋りは、従来ならば御法度だが、むしろ講義をよりアクティブに学び習得する機会が開かれるチャンスにもなる。講義が教室から解放されたことも、大きな変革だ。つまり学生は、学内の好きな場所で講義を受けることも理屈上は可能になった。時に歴史ある階段教室で、春には桜の美しい講義室で授業を受けるなどということが実現すれば、学科を超えた交流は活性化されるだろうし、講義室は、カリキュラムによってではなく、場所性によって選択されるという新たな行動様態も生まれるだろう。つまりオンラインの導入は、単に対面の代替え措置ではなく、むしろ新しい距離感が導く教育や学びの方法論の深化の機会でもあったわけだ。

こうした教育や学びの変化を空間に定着するべく東京大学の本郷キャンパスでは、工学部1号館15号講義室の改修計画が進んでいる。もともとは鹿島建設からの寄附によって、従来から課題であった映写機能、空調、音響、照明性能などを刷新するべく動き出したのだが、コロナ禍を経て方針は未来の教育の場へと更新され、建築学専攻教員総出でデジタル技術と実空間との融合を様々な観点から試みている。

この講義室は、1号館を設計した内田祥三先生による印象的な半円形階段教室で、その後香山壽夫先生によって大胆な改修が施されたものだ。日常的な講義の他、学外から講師を招いて行う特別講義や入学ガイダンスなどの式典も行われる、建築学科を象徴する空間である。この空間の歴史的な価値を継承しながら場所性を高める。オンライン授業のための映写機能や音響機器を充実させ、さらにはホワイエも、講義室の延長と位置付けて改修する。そうすれば、先生の姿を遠くに見ながら、オンラインで講義を聴き、議論もする、そんな試みが具現化することにもなる。また講義室内においても、教卓対座席という従来の教員と学生が対峙するような関係性だけでなく、随所に映写機能を設え、教え、教えられる、講義室にいる、いないといった関係性を飛び越えた、知を共有する場も生まれることになる。また、空気環境を改善することも、もう一つの大きなテーマだ。コロナ禍が人々を不安に陥れているのは、ウイルスが直接見えないことにある。そのことを直接解決するのは困難だが、空気の流れを床から天井へと一方向にして空調換気を行い、リスクを最小限にする。さらには人の動きや密度、$CO_2$濃度や温度分布など、空間情報をあらゆるセンサーによってリアルタイムに把握し、その情報を空調や照明、音環境などの制御にフィードバックさせて新しい循環を生み出す。こうした試みを通じて新しい教育環境を実現しようとしている。

## 技術に依存した建築

このように、人と人の距離感や、空気の流れを意識した空間の設計は、この計画の中心にあり続けるのだが、しかしよくよく考えてみれば、これは建築にとって実に基本的な、ごく当たり前のことであったとも思う。日本のかつての住宅を思い起こしてみればわかりやすい。格子戸、障子、襖、雨戸、蔀戸、簾戸、舞良戸、欄間など、名前を挙げればきりがないほど豊かに展開していた建具は、庭と住まい、道と店、部屋と部屋などを実に豊かに関係付けていた。通りからは中の様子を微かにしか感じ取ることができなくとも、家の中からは、道行く人の賑わいを目にすることができる。障子に映し出される光と影のうつろいで、空模様の微細な変化が手に取るようにわかる。ふすまで隔てられつつも欄間で繋がる部屋では、お互いに目を合わさなくとも、相手の振る舞いや体温すら感じ取ることができた。蔀戸は、開け閉めすることで雨を凌ぎながら風を迎えることの心地良さを知る術でもあった。こうした建具を介して培われた距離感は身体化され、その延長上に地域が共有する慣らしや、自然との付き合い方が醸成されていたのだと思う。しかし近年では、こうした建具の豊かさはすっかり失われて画一的なフラッシュ戸に置き換わり、せいぜい表層のデザインだけで見た目を楽しませるようなものでしかなくなっている。

空気についても、同じことが言えるのだろう。かつては窓を開けて換気をすることは当たり前のことであったし、窓の開け方も、季節や風向き、強さに応じて配置が決まり、さらに開閉を微細に調整しながら季節や天候に応じた外との関係性を繊細に築いてきたのだ。しかし20世紀を象徴するオフィスビルは、カーテンウォールと空調換気技術に依存し、基本的には窓が開かない建築を空間のプロトタイプにしたのだ。このような建築モデルはオフィス以外の建築にも一気に広まり、今や何らかのエネルギーなしには機能しない建築で街は溢れている。

## 「道具」としての建築に向けて

もちろんこうした変化には、それなりの理由もある。建具が司っていた多様な距離感は、家族が一緒に暮らし、地域共同体に信頼が置かれていた時代だからこそ生活に深く織り込まれていたのだろうが、社会が個人主義にシフトしてしまった現代においては、建具が活躍する場が少なくなってしまったとしても、致し方ない。

しかしこうした流れは、社会の変化につれて建築が変わったこともあるのだろうが、建築に起きた変化が人々や社会を変容させてしまった側面もあるのではないか。哲学者の鷲田清一は、道具を使う、ということについて、興味深い指摘をしている。(『つかふ　使用論ノート』、2021年、小学館)つまり道具は、人間の身体の代用でもなければ対象を支配したり統御したりするものでもなく、むしろ対象を知り、同時に自らの身体を拡張し、変容させていくものだという。そしてその相互浸透的な関係にこそ文化も宿るというわけだ。その意味でかつての建具は、まさに優れた道具だったのだと思う。建具を通じて人と人、人と街、人と自然の関係は適切に調停されながら、同時に建具を通じて人は、自然や隣人との間合いをより深く理解する感受性も育んでいたのである。さらに言えば建築も、本来はこうした関係性に深く関与し、また同時に人間に語りかけることのできる唯一の道具であったはずなのだ。大袈裟に言えば、建築という道具を介して人々は「世界」を理解していたのである。しかしながら、20世紀を牽引した技術至上主義は、建築に立派で便利な機能を付与することはできたのかもしれないが、道具としての側面を蔑ろにし、結果的に人間の身体を、随分と痩せ細らせてしまったのだ。

コロナ禍を経て、デジタル化が進んだ先にどんな空間のデザインが生まれるのか、そんな期待が社会にはあるのかもしれない。もしそれが、新しい技術が可能にする新しい建築や空間を意味しているのだとすると、僕がここで記している内容は、拍子抜けするようなことかもしれない。しかしながら、高速かつ大量の移動手段が可能にした、世界中のモノやサービスがどこでも自由に手に入る社会は、結果的に自分たちの国の食料自給さえままならない状況を生み出し、再現なく消費する対象は、商品やサービスを超えて地球そのものの資源を食い潰し続けている。また技術が可能にした建築は、災害時に電気が止まれば、息をすることもできなければ、字を読むことすらできない代物だ。人間の身体どころか、地球そのものを痩せ細らせている。

技術の進化発展は今後も続くし、そのことが人々の生活や働く環境を更新していくことは間違いない。そして今世紀は、デジタル技術がさらに深く生活に入り込んでくるのだと思う。実際、今まさに社会に浸透しつつあるデジタル技術は、建具が司っていた豊かな距離感を、新しい形で再構築しつつあるとも言えるだろう。しかしながら、数々の災害を経て僕たちは、技術によって自然はコントロールできないという厳然たる事実を学んだはずだ。この教訓は、デジタル技術についても同じように当てはまることだろう。技術で何ができるかではなく、技術によって何をするのか、が今後ますます問われてくるということだ。

だからこそ今改めて20世紀を振り返り、小さなスケールでの移動、小さなスケールでの循環、小さなスケールでの経済などに立ち返って、都市のあり方、生活のあり方を見直し、道具としての建築から再び人間の身体を呼び覚ますことが必要だと思うのだ。コロナ禍が僕たちに問いかけているのは、そういうことだと思う。

# 道具と身体

建築からは少々遠い話で恐縮だが、僕がこれまでに夢中になったスポーツは、自転車、ウィンドサーフィン、サーフィン。他にもあれこれ手を出したが、結局モノにならず長続きしなかった。でもこの3種目は、今でも体力があればやってみたいと思うくらい面白い（辛うじて自転車は続いているが）。なぜかと冷静に、その共通項を考えたことがある。ひとつは、自然が相手だということ。もうひとつは、そこに道具が介在していること。最後は、止まれば倒れてしまうということだった。最近、この3つの点は実はとても示唆的だと、改めて思っている。

サーフィンは、板一枚で波に乗る、実に単純なスポーツだ。しかし、波はどれひとつとして同じではないから、毎回それまで体験したことのない興奮を覚える。その興奮を求めて、その日の気圧配置や風向風力、潮の干満や対流、海底の地形など、全ての情報を海に入る経験を通じて会得する。また、その情報を頼りに、いい波との出会いの精度を高めていく。これは板という道具があるからこそ可能な自然現象の解像度の高い理解であり、身体化でもある。

さらに言えば、板が異なれば、同じ波でも受け取る身体感覚は全く異なるから、板を削るシェイパーは、板のロッカー（反り）やエッジのデザインをミリ単位でコントロールしている。それこそがデザインなのだ。つまり、板のデザインとは、その板を介して波とどう関わりたいか、鋭く切れ込むとかルーズに戯れるとか、そんな関係性の表現なのだ。サーファーが海を単なる情報やイメージとしてではなく、リアルな存在として知り尽くしているのは、この板という道具があるからこそ達成できている。

このような道具と自然や身体との関係性は、自転車やウインドサーフィンについても同様だが、おそらく他のジャンル、例えば料理についても似たようなことが言えるのだろう。包丁ひとつとっても、刺身包丁もあれば出刃包丁もある。それは生魚か野菜か、その素材を生かすために進化してきたものだろうが、同時に包丁を通じて素材の良し悪しもわかるくらいに包丁は、料理人にとっての研ぎ澄まされた感覚と素材との接点だ。

以前こんな話を料理人の土井善晴さんにしたら、「最近は出刃包丁一本で山の中に入って、魚でも野菜でも、何でもバッサバッサやることが楽しい」とおっしゃっていた。意外な答えだったが、料理を極めた人だからこそあえて道具を意図的にずらし、そこから素材の新たな生かし方を発見しようとしている、僕にはそう思われた。

そして建築も、本来はこの自然と人間との間に介在する「道具」なのだと、改めて思う。建築がそこにあることによって、地域のことをより深く理解できたり、自然現象を繊細に感じ取ったりする、そういう道具だ。かつての日本の住まいには実に多彩な建具があって、その建具を動かすことで自然や地域との対話を図っていたことは、そのわかりやすい事例だろう。

ところで道具を使うことのもう一つの重要な側面は、人間が道具を使って対象を司るという一方向のベクトルだけではなく、道具を介して人間の側も進化していくという双方向性にある。例えば自転車に乗る練習を始めた頃、最初は補助輪なしでは転んでしまったのに、乗れるようになった途端、それは邪魔物になってしまう。それは人間の体が自転車を乗りこなすために進化したということなのだ。サーファーが、足裏の感覚だけで板を操り波と対話できる進化も、土井さんが、あえて出刃包丁を使って素材との新たな対話に挑戦するのも、道具を介した人間と自然との双方向的関係性の一つの姿だ。

果たして現代の建築は、このような道具としての側面を継承できているだろうか。また同時に、道具を使いこなすことを通じて人間も変わっていくという動的な関係性を築けるようなデザインになっているだろうか。これは現代建築にとってクリティカルな問題だと思っている。

# 説明可能性問題

建築は、身体を介して自然を深く理解するための「道具」たり得ているか、ということを以前書いた（「道具と身体」）。その「道具」としての側面を研ぎ澄ませと。ではその「自然」を人間はどのように理解してきたのだろう。

ところでコロナ禍のメディアで度々耳にした言葉に「科学的」というのがある。コロナウイルスの感染状況の把握とそれに伴う政策に科学的な根拠がないと、批判の切り札として登場した言葉である。確かにそうだと思う局面もあったが、コロナウイルスという「自然」を理解する上で、科学的であることにそこまでの信頼を置いても良いのだろうか。

確かに自然科学は、自然を随分と解明してくれた。身近なところでも、例えば大気の状態をより正確に把握できるようになって、日々の天気だけでなく、豪雨やその年の天候不順も予測できるようになり、自然災害に対する備えは少なからず補強されたし、遺伝子レベルまで解明された人体情報は、多くの病を克服する可能性を拓いてくれている。数多くの生命体の発見は、地球上を覆い尽くす生態系のダイナミズムを明らかにし、種の保存への意識を高めている。

もちろん建築の世界にもこうした科学は深く浸透し、風環境や温熱環境、日射などの情報はパソコン上でも容易に再現可能になったし、力の流れも、もはや微細な部材に至るまで追跡できる。人の流動や滞留さえも可視化され、こうした客観的な情報が、設計の前提条件を変えつつある。特に昨今の建築界では、市民説明やワークショップ、プロポーザルや情報公開など、様々な場面で説明を求められるようになったから、こうした情報はその裏付けとしても存在感を増している。

確かに建築を説明していくことは、社会的には必要なことだ。しかし一方で、こうした「説明可能性」だけで設計を組み立てていくだけでは、決して魅力的な建築が生まれないことも僕たちは知っている。偶然見つけた模型の断片が、想像もしなかったような案を導いたり、あるいは説明はできないけれど、この案の方が快適だと確信したりすることは度々である。にもかかわらずこの説明可能性を支える「情報の束」は、その物量が増すほどに客観的であると捉えられ、情報化されていない要素を潜在化し、そして情報こそが世界の全てだという誤認を導いてしまう。

かつてノーベル化学賞を受賞された吉野彰博士が、たしかテレビのインタビューで、「自然界で解明されていることは、まだほんの数パーセントにも満たない。」といった趣旨の発言をされていた。もちろん化学で扱う自然と建築が向き合う自然とでは、解像度の次元が違い過ぎるから同じ土俵では語れないが、しかし、まだ解明されていない残りの90数パーセントにこそ目を向けよというメッセージは、建築界にも重ね合わすことができるだろう。風環境にせよ温熱環境にせよ、パソコン上に再現される現象は、言ってみれば実験室という閉じた空間によって切り取られた自然の一断面である。だからこそ現象を明示的に示すことができるし説得力もあって、魅惑的だ。しかし、そもそも把握できないほどの事象が相互に連関を築きながら成り立つ自然は、それほど単純ではない。

実際僕たちの身体も、こうした環境を、空気という物質の流れや温度だけで感じ取っているわけではなく、頬に触れる湿り気や匂い、時に埃や虫なども絡まりあったものとして受け取っている。いやそれだけでなく、木がざわめく音や雲の流れ、海面のさざ波などにも風を感じ、風が大きく息をしたり気まぐれに揺らいだりすることも肌感覚で知っている。そしてこうした数多くの情報を瞬時に掴み取りながら、時に風が重たいとか軽いといった科学的には説明のしようのない概念すら導くことだってある。人間の身体は、それだけ優れた自然の観察者であり翻訳者なのだ。

説明可能性とそれを支える情報という構図は、実は自然相手に限った話ではなく、今やあらゆる領域を覆い尽くしつつある。建築の性能評価もそうだし、ＳＤＧｓの取り組みも、さらにはプロポーザルや建築そのものの評価すら、これまで言語化されてきた情報の蓄積によって、雁字搦めになっている。それは何とも息苦しい世界ではないか。

だからこそ、すでに明らかになった情報によって建築を組み立てるのではなく、むしろそこから溢れ落ちた不確かなものや、身体が感知する複雑に絡み合った自然界の事象をそのまま受け止め、むしろ設計を通じてその一端を炙り出すこと、そこにこそ目を向けたいと僕は感じている。そのためにも自然を模倣するとか寄り添うといった、わかりやすい振る舞いで建築を語るのではなく、あくまでも「道具」としての建築を研ぎ澄ますことに可能性を見出したいと思う。それは、この説明可能性から逃れたいからだ。

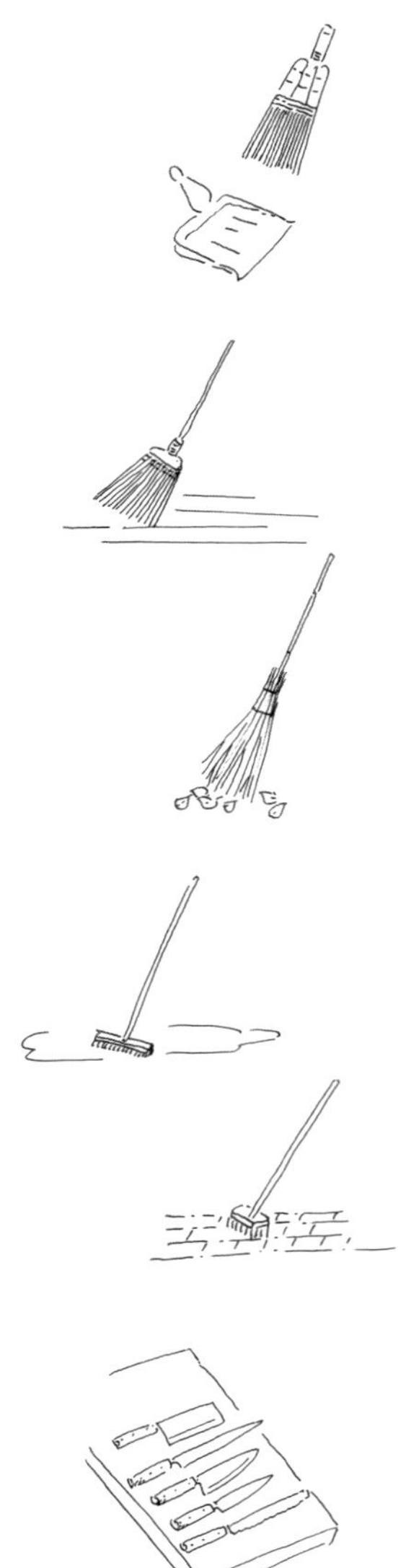

# 技術と説明可能性

## 説明可能でないことから拓ける未来

ここ何年か、宮城県の牡鹿半島と瀬戸内海の生口島に足を運んでいる。ひとつは復興支援の自転車のイベントのため、もうひとつは別荘の現場が続いていたからである。その僅か数年の間に地域の風景は一変した。ひとつは防潮堤の建設のため、もうひとつは島の随所に広がる太陽光パネルのためだ。

防潮堤についての賛否は難しい問題だが、それでもやはり、峠をひとつ越えるたびに小さな湾と集落が目の前に広がる半島の美しい風景は、防潮堤によって失われてしまった。峠を下れば、海ではなくコンクリートの壁沿いを黙々と走る体験しか今はない。もう一方の、レモンの産地でも有名な島では、美しい山並みと集落の合間にキラキラと光る太陽光パネルが出現したのだ。樹木を伐採して広がるそのスピードは、並の開発の勢いを超えている。

このふたつの風景は、現代社会に内在する課題を象徴的に語っているように僕には思われる。もちろん大きな方向性として、自然災害に対する備えを十分にすることも、自然エネルギーにシフトしていくことも、大賛成だ。しかしながらこの風景を牽引する思想には、ふたつの点で強い懸念を表したい。ひとつにはそのどちらにも、技術に対する過大な信頼が根底にあるからだ。技術によって自然はコントロールできる、新しい技術は輝かしい未来を切り拓く、まるで高度経済成長期のような思考モデルがそこに透けて見えるからだ。その虚しさは、東日本大震災から学んだ最も重要な教訓ではなかったか。そしてもうひとつは、「説明可能性」とも呼ぶべき問題。つまりあらゆる判断を、説明可能なことだけで組み立てていこうとするその姿勢だ。確かに現代は、自然にまつわることも、人間に関わることも、その多くが科学や技術によって解明され、こうした事実が「情報化」されて蓄積することで、津波のリスクも、エネルギーの利用動向把握や地球温暖化に関する予測も可能になった。だからこそ説明可能な情報を拠所に、数々の施策の決断は下されてきたのだろう。しかし現実には、解明されていないことの方が遥かに膨大なのだ。「情報」によって客観化された事実だけが世界のすべてではない。

海と共に生きてきた集落の人たちが海との連関を絶たれて働く生産性と安全性のバランスは、果たしてどう評価できたのか。1000年に1度といわれている地震に対し、このコンクリートの劣化と安全性、さらには維持管理していく仕組みの見通しはどう判断したのか。太陽光パネルも、これによって賄う電力は、初期投資と回収といった単純な経済的指標を超えて、そこにあった樹木群が回収していたCO²とどうバランスしているのか。さらには設置部の土中環境の劣化、輸送コストや将来的な廃棄／リサイクルコストも含めて、この投資は果たして本当にエコなのか。特に近年、太陽光パネルのリサイクルの課題が浮き彫りになっているから、恐らく答えはないままなのだろう。技術の「仕舞い方」が見えないままに、明らかな「効能」だけによって実用化し、その「ツケ」は次世代に丸投げだ。

牡鹿半島の宿の女将さんが防潮堤の計画図を前に、「よく分からないけど、やはりない方がいいと思うんですよ」と呟いていた姿は、今でも忘れることができない。その土地に長く暮らしたからこそ感知できる自然や生業や人びとの日常、それらに思いを巡らせて発せられた言葉は、実に力強い。こうした声を、説明可能でないからと退けるのでなく、むしろそのよく分からないことに潜む新しい課題に目を向けることこそ、本来の技術であり設計なのだと思う。恐らく今後は、太陽光パネルについても、似たような叫びにも近い声が、あちらこちらで発せられることになるのだろう。そう期待したい。

# 炙り出される自然

「瀬戸内の別荘」は、瀬戸内海を臨む、とても美しい場所に建つ別荘である。建主は東京で忙しい毎日を過ごしているから、日常とは切り離された、自然に身を投げ出すような別荘を望んでいた。確かにここは、地域の豊かな資源が凝縮された特別な場所だ。ここに建つ建築は、果たして自然とどのような関係を築けばよいのだろうか。

人間は、自然の多様性や美しさを、常にさまざまな道具を介して理解してきた。いやむしろ、道具を使って自然に介入してきたからこそ美しさを愛でる眼を養ってきたといった方がいいかもしれない。日常生活の資源でもあった雑木林は、人の手入れによって維持された風景だからこそ数多くの文学や芸術に描かれてきたし、農耕の風景は、食物を収穫するために加工された自然だからこそ土地固有の風景を培ってきた。自然相手のスポーツをした人ならば、進化を極めた道具を介して自然を解像度高く理解することができることを肌感覚で知っているだろう。

どんな道具を手にするかで炙り出される自然の様相も異なるし、新しい道具は、まだ見ぬ自然の新たな側面に気づきをもたらすこともある。建築の役割も、この道具に通じるところがあるとこれまで考えてきたが、建築的な行為を介してこの土地の魅力を発見的に浮かび上がらせることこそ、自然と親和的な建築であるという認識は、この計画でより強まった。床、壁、天井という建築のプリミティブな要素が離散的に広がり、その一部が外部や内部となって、外のような部屋や室内のような外部など、内外隔てなく過ごすことのできる居場所を随所に生み出した。水害やプライバシーに配慮して主たる機能は2階だが、それぞれの部屋はテラスを介した離れのようにしてあるから、どこにいても周囲の環境は自らの別荘の風景と重なり合って見えてくる。さらに自分の別荘を遠くから眺める屋上テラス、折り重なる壁や屋根で拡散したり増幅される光、ステンレス鏡面の建具に反射して飛び込んでくる風景など、ここでは建築によってさまざまなかたちに加工された自然とリアルな自然との境界は滲み、時に際立て合っている。

自然界で解明できていることは、まだ全体の数パーセントにも満たないと、ノーベル化学賞を受賞した吉野彰博士は語っていたが、だからこそ自然を短絡的にモデル化するのでもなく自然を身に纏うのでもない、あえて建築的な言語を極めることで自然を炙り出す試みに可能性を感じるのである。この関係性が、その地のまだ見ぬ自然の魅力に気づき、愛でることにも繋がると思うからである。

上）「瀬戸内の別荘」 外観。瀬戸内海を臨む敷地に建つ。 ©新建築社
下）「瀬戸内の別荘」 屋上テラス ©Vincent Hecht Photography

# 建てることと生きること

## 一緒に住むことから拓ける未来

家を建てる動機は、さまざまな事象が重なり合って沸き起こる。多くの場合は、結婚したり子供ができたり、あるいは家の老朽化や住宅双六の「あがり」を迎えて建てたり購入したりするのだろう。僕の実家も、確かに寿命を迎えていた。ただ、決して便利な立地ではなかったから僕は若い頃に家を出て戻るつもりもなかったし、父もその場所に執着していたわけではなかったから、父と僕の間では、土地を売却してマンション暮らしをする、そんなシナリオが漠然と共有されていた。とはいえ、具体的な予定や計画もないまま時間が過ぎたのだが、ここ数年、日に日に傷みが進む実家に高齢の父が単身暮らしをしている状況をとても放ってはおけなくなり、ついにマンション探しを始めることにした。事務所近くのマンションや、コーポラティブハウスをいくつか当たったが、なかなか条件に叶うものがない。よかれと思うものに出会っても、いざとなると父は新しい土地で暮らすことへの不安を口にする。そんな試行錯誤を繰り返すうちに父はふと、「最後くらい、息子の設計した家に住みたい」と呟いた。そのひと言に僕は突き動かされ、実家を建て直し、そこで父と一緒に暮らす決断をしたのである。

しかし30年以上も別々に暮らしてきたふたりがそう簡単に上手くいくはずもない。だから当初は、2世帯住宅の検討に明け暮れた。庭を介して相対する、1階、2階で住み分けるなど、付かず離れずの関係をあれこれ探ったのだが、話し合いを重ねるうちに父は、1軒の家でいいじゃないかと言い出した。それは恐らく父なりに描いた未来を見据えてのことだったのだろう。今後必要になる介護はどうなるのか、この先あとどのくらい一緒に住むことができるのか、さらにその先の家のあり様を、「1軒の家」に託したのだと思う。もちろんプライバシーや将来の維持管理など、僕なりの不安も山積みだったが、それ以上に一緒に住むことから拓ける未来に賭けてみようと、設計を根本から見直したのである。

## 生きることを支える「棚」

足腰が衰えてきた父が1階を、僕が2階を主に使うことは自ずと決まったが、その後に続く設計プロセスでの父とのやり取りは、別々に暮らしてきた30年ほどの時間を埋め合わせていくような、濃密なものだった。

父は、日活の映画の美術監督を務めた後に大阪万博のサブ・プロデューサーとなり、岡本太郎の「太陽の塔」の構想にも深く関わった。晩年は、博物館などの展示企画にも従事していた。設計プロセスで当時の逸話と共に父から投げ掛けられるアイデアは、まさにその経験から発せられたものだったのだろう。この家で人をどうもてなすのか、最初に目にする空間はどうあるべきか、といったことから始まり、ありきたりの材料の意外な使い方、どこに何を飾るのかなど、まるで撮影現場か展示計画を構想するかのようなものだった。足腰が覚束ない父が少しでも快適に過ごせればと、こちらが気を利かせて床はカーペットがよいかと提案すれば、コンクリートでいいじゃないか、1階は土足でも構わないという。僕の趣味の道具が父の領域を浸食してはいけないと建具で仕切ろうとすれば、むしろ部屋中にその道具が溢れる方が面白いという。

この演出的ともいえる提案は、時にやり過ぎだと思うこともあったが、一方で父の仕事や美学を再確認する貴重な時間にもなった。さらに1階は、アーカイブのようにこれまでの資料を仕舞える「棚」があるとよい、近所の人たちが気軽に集える場所にしてもよいという言葉を聞いた時、数多くのアイデアの背後には、家をつくることの先を遠く見据えた強い想いがあることを知ったのである。確かに父は、映画や万博時代の数々の写真、新聞記事、その時どきに書き溜めた文章、ロケ先で手に入れた郷土品などを丁寧に保管してきていた。それらを整理し、仕舞うことで自分の人生を振り返り、そこからまた、あり得たかもしれないもうひとりの自分やもうひとつの作品を考えるのだという。さらにはここを訪れた人たちが手に取り、それを介して話が広がることもあってよいという。「棚」は、まさに父がこれからの人生を生きる強い動機なのだ。高齢であるからバリアフリーであるとか手摺りをつけるとか、そういうことはもちろん必要だし実践するのだが、そんなことよりもこの「棚」は遥かに力強く、前に向かって生きることを支えることになるのだと思う。だから1階は、床をコンクリートのタタキとし、大きな台所と部屋全体を巡る「棚」だけでできたワンルームの空間となった。もちろん人を招けばそこは寄り合いのような場になるし、介護の人たちが出入りするようになれば、世話をする部屋にもなるだろう。そして何よりも、アーカイブを紐解く父にとっては、そこはアトリエであり現場なのだ。

## 動くことを支える「机」

一方、主に2階で過ごすことになる僕の未来は、どのように描くことができるだろう。果たして父と一緒に楽しく暮らせるのか。家族が増えたらどうするのか。コロナ禍を経て、事務所と家の時間はどう使い分けるのかなど、答えが見えないことばかりだ。しかしこの分からない未来に思いを巡らせたからこそ見えてきた確かなこともある。ひとつには、1階の父の領域になるべく光や風を届け、また父の気配をいつでも感じ取れるようにしておきたいということだ。この想いは、3つの吹抜けに繋がっている。家の中心の吹抜けは、いつでもお互いに声を掛けたりできるような開かれた場だ。寝室前の吹抜けは、相互のプライバシーを適度に確保しつつ、1階から2階への風の流れも促すためのもので、上部が開放されたガラスの筒だ。道路側の吹抜けは、相対する住宅との緩衝空間であり、また西日も導きながら熱溜まりとして機能させようとしたものだ。

こうした父への想いに加えもうひとつ確かだったことは、僕がここで何をするにしても、「机」さえ用意すれば大丈夫なのではないか、という少々拍子抜けするようなことである。本を読む、設計をする、時に友人を招いて一杯やる、どんな時でもあれこれ素材を広げ、並べて動き回る、その習慣は変わらずに続くと思ったからである。動き回るために間仕切りはやめ、家具の配置だけで場をつくり、吹抜けや家具に絡まるようにさまざまな高さの「机」を連ねること、それだけで生活の場としても、また未来に向けての変化を受け止める場としても十分だろうと考えたのである。もちろんそこでテレビも観るし寝ることにもなるが、そこはまるで大きな仕事場みたいなものだ。

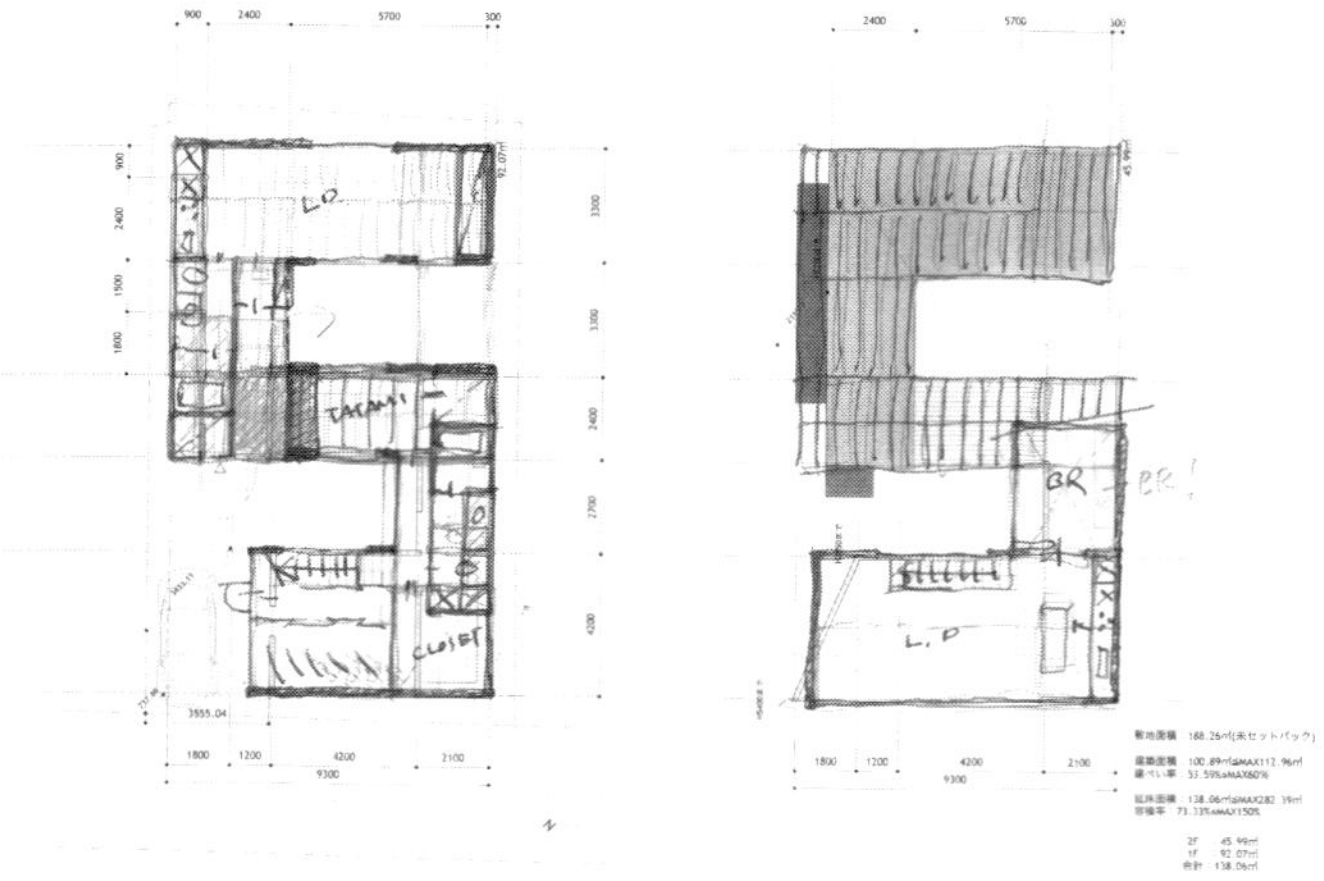


2世帯住宅として計画していた当初案。中庭を間に挟み、適度な距離を築こうとしている。

1軒の家にしようということになったが、それでもまだ2世帯の頃の中庭の痕跡が残る。

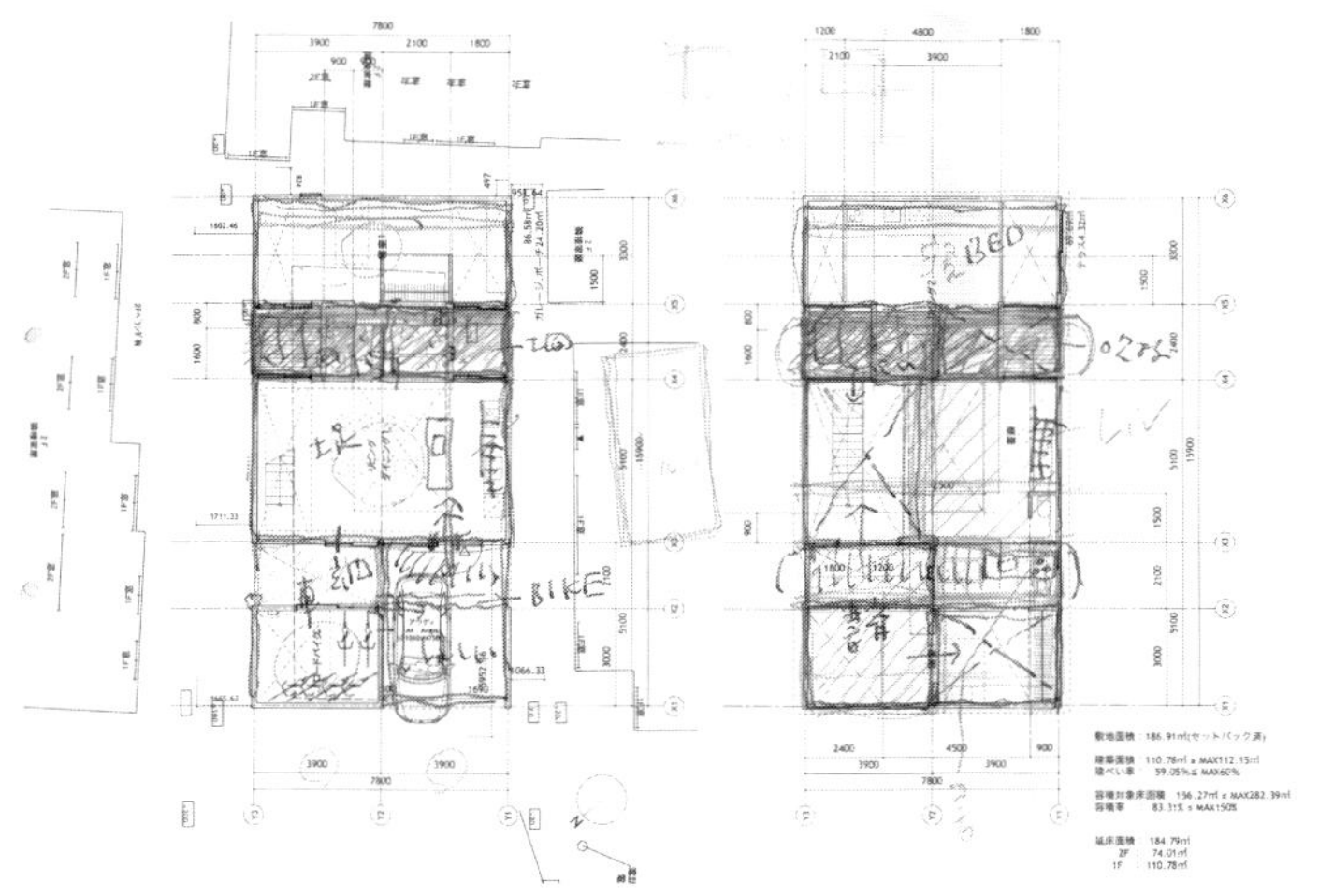

1軒の家として計画する覚悟ができた上で、お互いにどのような関係を築くかを検討している。水回りを緩衝空間として機能させようとしている。

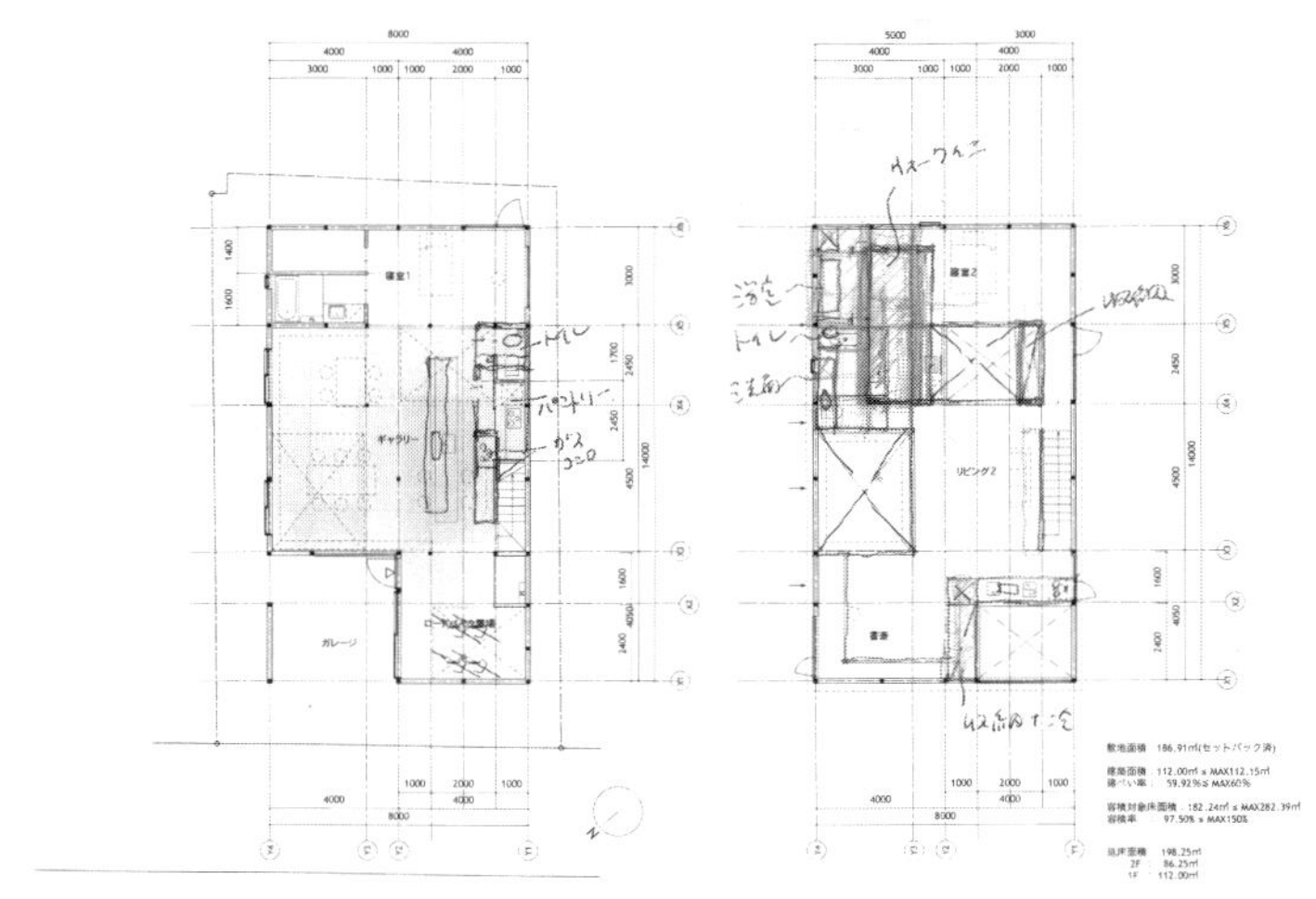

最終案に近い検討案。吹き抜けを介した2人の関係性や距離感に興味は移っている。

## 町から失われたものを取り戻す家

実はこの計画を決定づけたもうひとつの重要な要素に、建物の高さがある。僕も子供の頃に世話になったご近所の人たち、近年では父のことを気遣い、ときどき声を掛けてくれていたお隣さんのために、建物を可能な限り低くしたいということだ。この家ができて、以前よりも日陰になったなど、あってはならない。そこで架構は在来木造の切妻屋根とし、可能な限り階高を抑え、軒高を低くする。その分屋根形状の気積を使い切り、天井の低さを感じさせないようにすることがひとつの目標になった。そこで主たる登り梁をタイバーで引っ張って固め、そこに棟を載せて小梁を掛ける。さらに2階の床も、梁成を抑えるために梁間を調整して床の厚みを極力小さくした。こうして2階は開放感のある無柱空間に、また1階は、軸力を受ける柱が2本だけ落ちる伸びやかな空間となった。1、2階共におおらかなワンルームでありながら、上下にも親密に絡み合う空間は、今後2人が築いていく幾重もの距離にとって、心地よいものになるはずだ。

すでに新たな生活は始まり、アーカイブは次第にかたちを整えつつある。驚いたことに、僕が実家に放置してきた学生時代の作品やノート、絵や彫刻を父は丁寧に保管してくれていたから、恥ずかしながらアーカイブの半分は、僕のもので占められている。時にそれらを見返しながらお互いの仕事や経験を確認することは、家を建てたからこそできた幸せなことだ。2階の机の上にも、すでにさまざまなものが並び始めている。やりかけの仕事、読みかけの本、行く先々で手にした器や道具、その机を巡りながら日常は重ねられている。この30年の間に築いたお互いの生活のリズムはそれぞれに異なるが、この「棚」や「机」があるからこそ随所で接点が生まれ、リズムは穏やかに共鳴しつつある。その生活が、今後はご近所さんや友人たちにも共有されていくことになるのだろう。

高齢の父と共に新しい住宅をつくることは、父に過度のストレスをかけることになる。そのリスクも覚悟で臨んだ計画だったが、ようやく終わりを迎えつつある。ほっとひと息付けると思っていたら父は、「この自転車の色とデザインが見事だから、ここに置いた方がよい」、また「玄関先には誰でも座れるベンチを置こう」といい出した。演出はまだまだ続くのかと思ったら父は「町から失われたものを取り戻す家になるとよい」のだと話し始めた。それは、ラジオ体操帰りのご老人たちがちょっとひと休みをしたり、近所の子供たちが学校帰りに立ち寄ったりする場になることを願ってのことだ。かつての町にはそんな場所がたくさんあったが、今はそれがすっかり失われてしまっている。この家は、それを取り戻すような役割を担えばよいと。思い返せば以前の家の前にはみかんの樹があって、実がなると、近所の人たちが勝手に捥いでいくのが常だった。みかんの樹を植えること、まずはそこから始めていくことにしよう。

アーカイブが単に過去を振り返るものではなく、むしろあり得たかもしれないもうひとつの自分を見つけていくものであるように、この家を建てることが、自分たちのためだけに閉じたものにするのでなく、もうひとつの役割を見つけて町に返していく。その想いは、なんと前向きで力強いことだろう。確かに父は老いた。しかし住宅を建てることを通じて語られる未来は、実に生き生きとしている。この家を建てる決断をしてよかったと、心から思う。

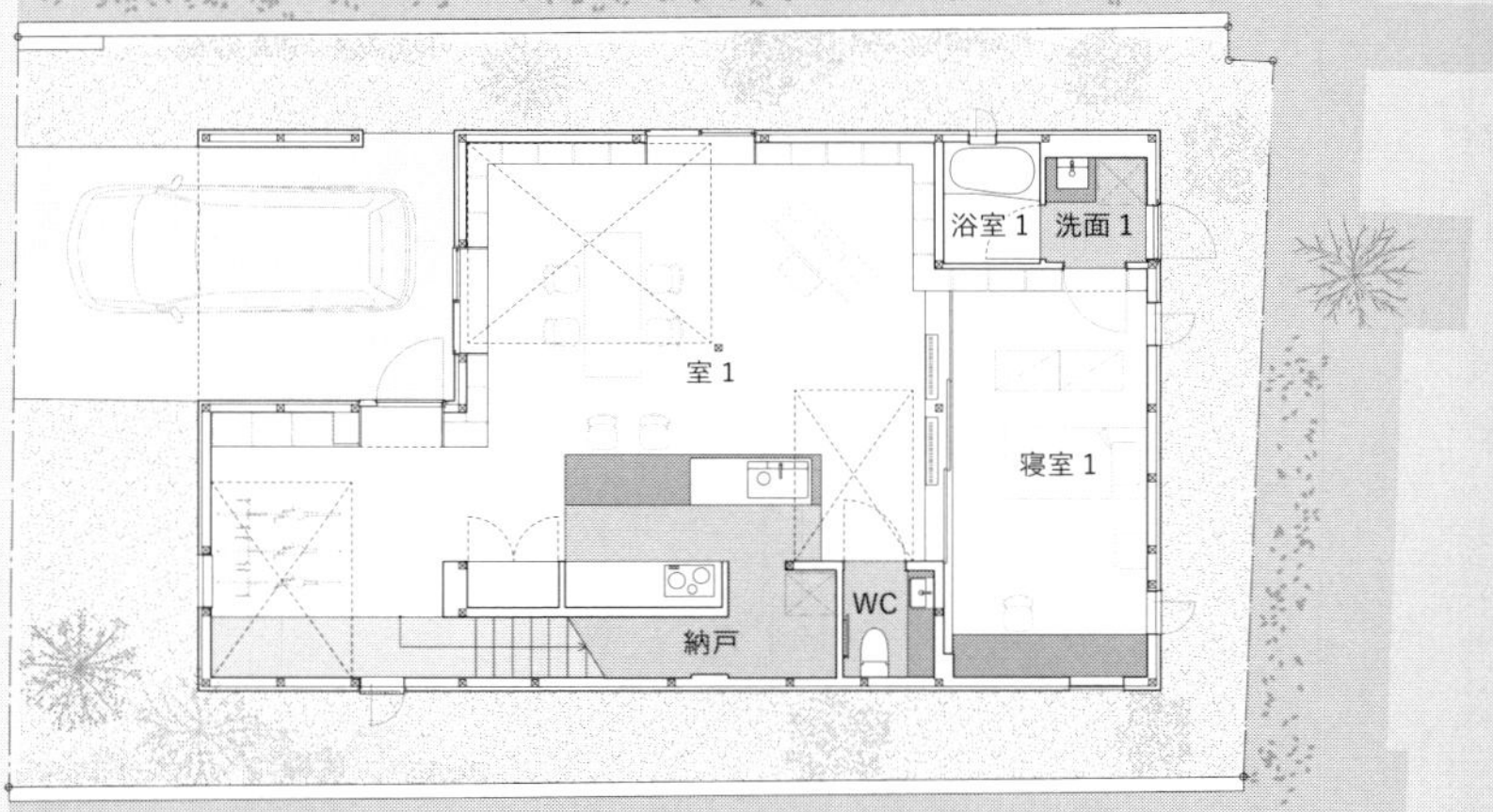

浴室 1
洗面 1
室 1
寝室 1
WC
納戸

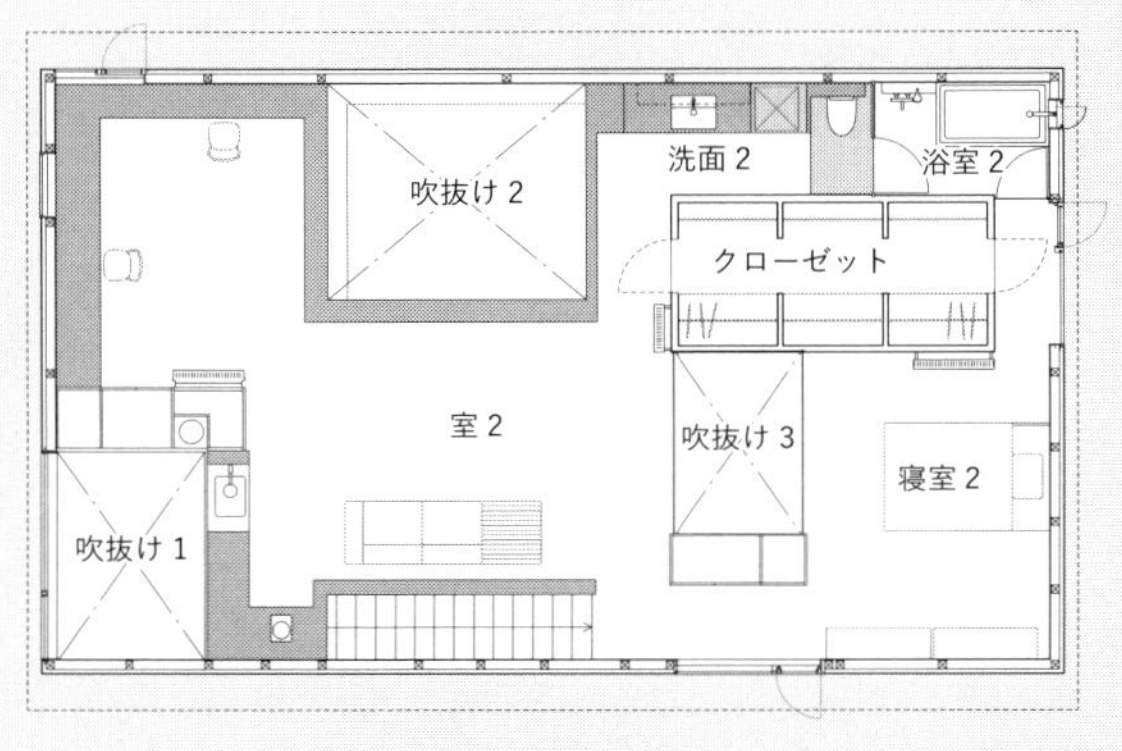


父の家　1,2階配置平面図（縮尺1:200）

上）「父の家」吹抜け空間。2階に巡る「机」。 ©吉田誠
下）「父の家」1階。1階を巡る「棚」。©吉田誠（『日経アーキテクチュア』2021年11月11日号）

「父の家」 外観　　©吉田誠（『日経アーキテクチュア』2021年11月11日号）

# 「身体性」と「他者性」

## ミクロの決死圏

1966年に公開された映画「ミクロの決死圏」は、詳細な物語の展開は覚えていないが、子ども心に衝撃が走った最初の映画だったと記憶している。たしか脳内に発症した病気を治すために、縮小化された人間や治療機材が体内に入り込んで問題を解決するというSF映画だ。その設定や物語の細部におけるリアリティには首をかしげるところもあったが、今にして思えば医療の未来を予見した先見的なものだったのだろう。なかでも記憶に鮮明なのは、その映像に映し出された空間だ。うねるように抑揚を繰り返しながら続く有機的な形状の空間は、ときに枝分かれしたり絡まり合ったりしながらどこまでも連続し、どんなSF映画の宇宙空間よりも、それは魅惑的なものだった。特にトポロジカルな関係が捻れ、裏だか表だかが判別つかなくなっていく空間は、自分が今いる場所がこちら側なのかあちら側なのかすらもわからなくなる、まさにメビウスの帯を地でいくようなものだった。その空間がじつは人間の体内器官であるということにどの時点で気がついたかはよく覚えていないが、自らの肉体に宿る複雑な空間性が意識化されたという点で、じつに新鮮なものだった。たしかに人間の身体は、俯瞰的に見てみれば、ひとつの個体のなかにいくつものヴォイドが複雑に絡まりながら貫通しているようなものだ。トポロジカルに見て、これほど面白い空間はない。

## 体内器官

坂牛卓の作品「運動と風景」(2019年)は、形態的には幾何学的だが、どこかでこの人間の身体に内在する空間性を想起させるものだ。

敷地は、古い街区がそのまま残る東京の、路地の最奥にある。いわゆる狭小住宅といってもいいくらいに小さな住宅だが、その空間的なアプローチは、空間の最大化がひとつの目標としてあった従来の狭小住宅とは随分異なるものだ。玄関を入れば、そこはまるで階段の踊り場のような小さなタタキで、そこから空間はいくつにも枝分かれするようにして奥へと伸びていく。その枝を辿る経路は、まるで人間の身体に纏わりつくくらい小さなもので、この地に至るまでに経てきた街の路地空間を、さらに奥へと分け入るような感覚だ。枝の行き着く先は、居間や和室、書斎など、いわゆる部屋になっていて、わずかばかりの広がりを獲得するのだが、さらにその部屋の奥や裏にも収納や洗濯室などがあって、空間の奥行きはいよいよ撹乱させられる。さらにこの枝分かれした空間は、所々に設けられた開口によって不用意に結びつけられ、先ほどまでいた空間をまた別の空間から眺めたり、あるいはこちらとあちらが入れ替わったのかと思うような不思議な繋がり方を体感させられるのである。奥行きや相互の関係性を、一義的に定位することが困難な空間の複雑な絡まり合い方は、かつて映像のなかに発見した身体空間が実体化されたかのようでもある。

さらにこの空間を覆い尽くす表層が、躯体コンクリートの打ち放しもあれば、木もある。その木も、ベニヤもあれば無垢材もあり、さらにクロス、絨毯やモルタルなど、さまざまな素材が部位や用途に応じて使い分けられているが、基本的にどこもかしこもやや暖色系の灰色に染められている。微かに色調や明度、彩度は異なるが、家具も含めてすべてが灰色であるが故に肌理の差異は際立ち、この連続していく空間に異なる質感を生み出しているのである。それはちょうど人間の体内を巡る器官が、機能に応じて表皮の襞を変えて展開していく様にも似て、体内器官の印象を一層強めている。

## 「他者」と繋がる「身体」

ここで坂牛の住宅を体内器官にたとえて、その形態的なアナロジーに意味を見出そうとしているわけではない。むしろ結果的にここに立ち現れている場所同士の関係性が、僕自身が日頃興味をもって取り組んでいる「身体性」や「他者性」にも通じることに深く共感しているからである。それは、たとえば玄関に入れば、奥の仕事場や2階へと通じる階段が目に入るが、一方でふと足元に目をやれば、書斎の様子が眼下に垣間見えたりする。書斎で仕事をしていれば、上の階を行き来する人の足元が目に飛び込んできて、誰かが家に入ってきたことを気配で知ることにもなる。居間のソファにひとり腰掛けて寛いでいれば、突然奥の壁から人が現れて風景は一変するし、廊下の床下には、アジトのような隠し部屋が現れて、別の時間が流れていたことを知ることもあるのだ。

どこにいても常に他者の存在が風景として、ときに気配として体感され、その存在自体が空間を共有している喜びや安心感を誘い、またその喜びがあるからこそ、ひとりで過ごす時間もかけがえのないものとして享受することができる、そんな場が生まれているのだ。これほど小さな住宅において、さらに空間を小さく分節するとは勇気のある決断だが、このようないくつもの場が絡み合う複雑な関係性が実現していることは、驚きである。

## 人間と建築の未来

ところで身体、あるいは人間は、建築が常に立ち返る普遍的なテーマであったことは周知のことだろう。人間が彫刻として刻まれた古典に始まり、人体の比例を基本原理としたルネサンス、近年では、ノルベルグ・シュルツが人間と環境との関係から実存的空間を説き、ル・コルビュジエは、モデュロールを提示した。丹下健三も人間と技術の関係性を問いつづけていた。人間が建築をつくるうえでの原点であることは、今さら確認する必要もないことだ。しかしながら、そこに取り上げられてきた人間は、どこかで理想化され、抽象化された人間であり、それ故に空間論は、たった一人の人間と建築との関係に終始していたのである。仮に大勢の人間を想定したとしても、それは群衆のような、やはり抽象度の高い視点に回収されたままだったと言わざるを得ない。

しかしながら、現実の建築に起きていることは、もっと複雑で混沌としている。そもそもコントロールしようのない多様な人たちが集い、それぞれが思い思いに行動し、空間を使い倒す、そんな人間の振る舞いを相手にするのが建築だ。しかも現代においては、住まい方は僕たちの想定を遥かに超えて多様化し、また生起するコミュニティは、地縁に限らない多層的なネットワークが当たり前になっている。頻発する災害時には、地位や属性を超えた人たちの集う場が求められる。他者の存在を前提に建築を構想する想像力が求められているのが現代なのだ。

「運動と風景」は、夫婦ふたりがそれぞれ別々のものづくりの仕事に従事しながら一緒に暮らす家なのだという。ときに接点をもちながら、各々の時間軸に沿って暮らしていく生活にとって、このようにときに隔てられ、ときに親密に関わり合い、またときに気配を感じ取りながら過ごす時間は、きっと幸せなものであるに違いない。と同時にここでは、仕事と住まい、子どもとの暮らし、あるいは親の介護など、夫婦という関係を超えた今日的な状況においても十分に楽しく展開していくだけの包容力を備えていることも、容易に想像することができる。果たして「ミクロの決死圏」が坂牛の原風景に影響を及ぼしたのかどうかは、たとえ僕と同世代であるとはいえ定かでないが、ここに見出した他者と絡み合う空間の関係性は、現代における生身の人間と建築との新たな関係性を問い直す強度を獲得しているのではないかと思う。今後さらに大きな建築においても、この関係性が深化していくことを期待したい。

# 動いている庭

『絶滅できない動物たち　自然と科学の間で繰り広げられる大いなるジレンマ』（２０１８年、ダイヤモンド社）という本がある。Ｍ・Ｒ・オコナーというジャーナリストが書いたものだが、そこで問いかけられているのは、絶滅に瀕した生きものを救うことは「保全」か、それとも「干渉」か？ということだ。動物保護区の中で、時に飼育器の中で、莫大な資金と技術が投じられて生きものが保全されている状態は、果たして生態系保存に繋がっているのかどうか、ということだ。生きものが保全される対象と特定され、そこに何らかの措置が施された時点でその生きものは生態系から切り離され、またその切り離しが、生きもの自体の野生を奪っているのだ。この問いかけの意味するところは大きい。

環境保全や自然保護といった視点が広く社会で共有されるようになったのは、１９６０年代である。産業革命以降の都市化、工業化がもたらした地球資源の採掘と化石燃料の使用、その後の20世紀的な大量生産、大量消費というリニアな経済に牽引された社会は、地球温暖化を推し進め、もはや地球上に人間の手付かずの場所が残っていないと言われるまでに地球を食い潰してきた。そのツケは1960年代に公害というかたちで表面化する。自らの健康への不安が環境への意識を高揚させたのだ。この動きは、産業革命以降飛躍的に発展を遂げた自然科学にも後押しされ、次々と解明される自然や身体の情報がその不安を裏付けたのである。さらに探究の矛先を宇宙へと向けた自然科学は、人工衛星の打ち上げを成功させ、ついに地球外の視点を人類に与えた。この世界を俯瞰する視点と、自らの健康への脅威が相俟って、保全や保護の動きは加速したのである。

次々と明らかになる地球の現状を前に、生きものを保護しなければと切迫感を募らせるのは自然なことだ。しかしその俯瞰的な視点は、自然を対象化し、あらゆる要素を実験室という密室に閉じ込めて解明してきた20世紀的な自然科学のアプローチにも重なる。また近年では、こうした切り離しによって獲得された膨大な情報が「世界」であると誤認され始めてもいる。そもそも人間も含めた生きものは、動的な相互連関の中でしか生きられないにもかかわらず。

ジル・クレマンの『動いている庭』(2015年、みすず書房)は、こんな時代だからこそ読まれていい。日々新しい植物や昆虫などの様々な生命体が誕生し、運ばれ、そして老い、朽ちていく。この動的な様相こそが庭の本質だとこの本は説く。考えてみれば、当たり前のことだ。

一度でも庭を育てたことがある人ならば、日々の手入れや掃除を通じ、そこが生きた場所であることを知っている。それでもなおこの指摘に注目したいのは、その「動き」をもたらす生命体に、人間の「手入れ」が加わっている点にある。雑草をむしり、新たな種を蒔き、剪定をする、時に意図せずして庭に足を踏み入れもする、こうした行為も、様々な生命体と同じくらい庭を動かしているのだという。この事実は、何も小さな庭に限った話ではない。日本で古くから馴染みのある雑木林や里山も、まさに動く庭だ。農業や日常生活の「資源」としてあったからこそ入った「人の手」が環境を健全に維持してきたのだ。そして身体的な「手入れ」を通じて人間は、自然を抽象的な概念としてではなく、リアルな様相として深く知ることになったのである。この「身体を介して知る」ことは、今日の環境を考えていく上で、極めて重要だ。言語心理学者の今井むつみは、言葉の真の意味を理解するには、現実世界から身体的な感覚を介して受け取る「記号接地」が必要だと言う。ちょうどヘレン・ケラーが、冷たい水に触れてWaterという言葉の意味を初めて理解したように。そしてそこが人間とＡＩとの決定的な違いなのだとも言う。だからこそ私たちは、自然を切り離された情報の束としてではなく、むしろ身体感覚を介した関係性の中に定位していく必要がある。そこには、情報だけでは知り得ないたくさんの動いている庭の姿があるはずだ。

現代において、原始的な生活に回帰せよ、などと言うつもりは毛頭ない。農業への回帰も、落ち葉や薪を資源とする生活だって、容易くはない。一方で、里山や雑木林を単なる風景とし再生することが虚しいことも、もう明らかだろう。現代において動的に関わり合う「動いている庭」とは何なのか、そこに新しい生活容態への手がかりと、その先のデザインの可能性が潜んでいるはずだ。

# ル・コルビュジエとインド

ル・コルビュジエが初めてインドを訪れたのは1951年、彼がすでに63歳になっていた頃である。その後20回以上も渡印し、彼の代表作となる作品群——「ショーダン邸」「サラバイ邸」「繊維業会館」「サンスカル・ケンドラ美術館」——、そしてチャンディガールの都市計画とその中心をなすキャピタルコンプレックスの建築群を残した。

彼のインド訪問は、それまでの彼の建築家としての思想の根幹を時に揺さぶり、あるいは大きく深化させていったのではないか。人も動物も植物も渾然一体となって暮らす都市、母国とは全く異なる自然環境、気候風土との出会いは、こうした計画群の設計に新たな展開と、確かな拠り所を与えたのではないかと思われる。ブリーズ・ソレイユは、熱帯の地において生き生きと振る舞い、風通しの良い半外部空間が生活の基盤にあるインドにおいては、ピロティは格好の生活の舞台にもなったであろう。そして屋上庭園は、植物が豊かに育つ場所として建築と自然とを見事に媒介したのである。そしてこうしたすべての建築的要素は、強く降り注ぐ光の下での立体造形として、よりダイナミックに展開したようにも見えるのである。ル・コルビュジエが掲げた近代建築の5原則は、むしろインドの地において、生命感溢れるかたちで鮮やかに浮かびあがったのだ。

そこに見るのは、成熟期を迎えた建築家が独自に到達した洗練ではなく、インドの伝統的建築群が築く自然との関係性、あるいはその背後にある思想、世界観、宇宙観に向けた彼の深い洞察と、絶え間のない対話から導かれた建築の姿である。大地からも、歴史からも自由になろうとしていたモダニズムの建築は、このインドの地において、建築の原点とも言える土地や文化、歴史との邂逅を果たし、その後の彼自身の建築にも大きな影響を与え続けたのである。

奇しくも今年（2018年）、プリツカー賞はインドの建築家、バルクリシュナ・ドーシに授与された。彼は、ル・コルビュジエのスタッフとして、インドにおけるこれらの建築群に従事していた人物である。そのドーシに対しル・コルビュジエは、かつてこう語ったことがあると言う。「あなたはアクロポリスに行く必要はない。ここに、建築が必要としているものはすべてである。」と。改めてこの歴史的な巡り合わせを祝福したい。

# Ⅲ

Bicycle Urbanism
Tokyo

# 「地球」を相手にした道具

自転車が誕生したのは、もう200年も前のことだと言う。その後優れた素材や技術によって進化を遂げ、今日ではママチャリ、クロスバイク、マウンテンバイク、ロードバイクなど、数多くの種に分化しているが、基本的な原理は不変の、完成度の高い「道具」である。この道具としてのありようは、例えば鍬、鋤、鎌などを使う農作業、あるいは包丁などを使う料理など、「地球」を相手に行う全ての営みにも通じ、関わる対象との関係性の中で進化してきたところに最大の特徴がある。食材に応じて出刃包丁や刺身包丁があるように、自転車も走路や目的に応じて進化してきたのだ。

ところで道具の醍醐味は、それが単なる身体の延長としてあるのではなく、道具を介することで、丸腰で臨む以上に数多くの情報を地球側から受け取り、そのことで人間の側も進化していく双方向性にある。道具を手にすることで、人間は地球を解像度高く感知すると同時に、人間も自らの身体を再発見するのだ。だからこそ料理人は、素材に包丁を入れた途端、その良し悪しすら判別できるほどに手先の感覚は研ぎ澄まされていく。これは自転車も同様で、一度サドルに跨がれば、歩行や車の運転では気付かなかった数多くの情報に身体は目覚めていく。道路の凹凸や土地の起伏、路面に転がるゴミ、風向風速や風の息遣い、車や歩行者の流動に滞留、さらには自転車の速度域でしか目に留まらない風景などに敏感に反応し、その進化した身体が次第に新たな行動容態を導いていく。登り坂を避けたり交通量の少ない道を選んだり、あるいは風の強い日には裏通りを走ったりという具合に。それは、生物学で言うところの「環世界」にも似ている。自転車を手にした人間が、まるで新しい「生命体」のように、環境の、本来の目的とは異なる使い方を発見していくのだ。

この環世界を現代都市にあてはめたのが「Bicycle Urbanism」である。歩行者のための歩道、車のための道路、治水のための河川敷、さらには働く場としてのオフィス、買い物のための商業施設など、都市のあらゆる場所を新しい生命体の視点で再解釈し、そこに潜在する別の意味や役割を自転車のインフラと位置付けたのだ。道路中央の方が合理的で安全であるとか、平坦な道の繋がりの方が距離的な近さよりも価値があるとか、首都高跡地がサイクリストの好む坂道に絶好であるなど、自転車という目線だからこそ浮上するもう一つの都市の姿だ。

このような都市の未来への提案は、もちろん自動運転やスモールモビリティなど、新しい移動手段が出現しつつあることを見据えた一つの計画論である。実空間が現実にこう整備されれば、それに勝る喜びはない。しかしそれ以上に今、こうした道具を介した実践や提案に駆られるのは、私たちを包囲している20世紀的な生活の見直しが喫緊の課題だと感じているからだ。20世紀が大きく消費社会へと移行したことは、高速/大量の移動手段を世界中に張り巡らせ、同時に生きるために必要な日々の営みを、サービス産業へと置換させてしまったのだ。食べ物を作ることも食事をすることも、子供を育てることも老いた家族をケアすることも、すべては貨幣で賄われ、結果的に人間は、サービスを享受する「顧客」に成り下がってしまっている。道具を介して地球と向かい合う機会が稀な社会では、環境への理解など、深まるはずもない。

鍬を持って土を耕せば、土が抽象的な「大地」や力学的な「地盤」などではなく、長い時間の中で、土地の気候風土とともに育まれてきた数多くの生物の棲家であることが、手の感触を通じて身体に呼び覚まされるように、自転車に跨って都市に繰り出せば、高速大量移動のためのインフラや、サービスに目的化された施設に覆われた20世紀的な都市にも、あり得たかもしれないもう一つの姿が想像できるに違いない。こうした都市の現状を相対化する想像力は、他者や未来への想像力にも通じ、20世紀的な「顧客」から「当事者」へと抜け出す一歩にもなるだろう。想像力は、環境を自分ごととして捉えるために最も必要な能力だからだ。

あらためて「道具」を手にし、「地球」と関わることを再開しなくてはならない。

# How is Life?

「How is Life?」という展覧会が、２０２２年10月20日から２０２３年３月９日までＴＯＴＯギャラリー・間で開催された。この展覧会は、現在ＴＯＴＯギャラリー・間の運営委員を務めている塚本由晴、田根剛、Seng Kuanと僕の４人が監修したもので、企画の段階まで遡れば、およそ３年の歳月をかけて練ってきたものである。

議論の初期段階で共有されたのは、従来の展覧会、つまり一人の建築家に焦点を当て、その作品を展示するような展覧会のあり方自体を問い直そうということだった。建築が一つの際立った「作品」とするその捉え方は、「希少性」、つまり他者との差異に価値を置き、それを原動力に消費を加速させてきた20世紀的な資本主義と重なり合う。限られた地球という資源に過度の負荷をかけている今、僕たちが考えるべきは、20世紀が前提としてきた成長を追い求めるのではなく、「成長なき繁栄」を実現するための具体的な仕組みであり、計画であり、デザインなのではないかということだ。この「成長なき繁栄」は、ティム・ジャクソンの著書からの引用だが、成長を前提にした豊かさに慣れきってしまった生活そのものを見直すことを展覧会のテーマに据え、こうした取り組みの萌芽となるプロジェクトを展示しようということになったのである。

論点は数多く挙がり、取り上げたプロジェクトも世界各地に及んだ。中でも鍵となったテーマの一つは「当事者性」だった。20世紀的な消費活動は、単に買い物だけでなく、食事や教育、出産や介護、果ては人の死の扱いに至るまでを貨幣を対価にしたサービスとして提供し、結果的に生きるために必要なスキルを人間から奪ってしまった。このようなサービスの顧客として振る舞う人間ではなく、生きることの当事者である人間を取り戻すために建築は、生活は、どう変わっていくべきなのか、それを問おうとしたのである。

これは日本の高度経済成長を支えてきた建築業についても重ね合わせることができる。請負というかたちで産業に絡み取られてしまった建築は、建てるという行為が本来担っていたコミュニティにおけるスキルの遣り取りや共有、地域資源の循環といった側面を極小化し続けてきた。こうした状況への批評として塚本さんから提示されたのが社会基盤を地域住民で作り上げていく「普請」であった。こうした試みは、「小さな地球」や「石積み学校」、「茅葺普請」、「藤村記念堂」などの実践に見て取ることができる。ここでは、地域や資源、人との「連関」

を炙り出すことこそがデザインなのだ。

都市を消費の場ではなく生産の場として捉え直そうとする「Capital Agricole」、「La Ferme du Rail」、「都市林業」、「Floating Farm」、「How to settle on Earth」なども、同じ地平にあるプロジェクトだと言っていいだろう。これらに共通するのは、自然がコントロール可能な対象として位置付けられてきた19世紀から20世紀にかけての思想、つまり都市対田園、都市対自然という対立的概念を越え、人間が作り上げてきた社会や都市空間自体を一つの大きな生態系と捉えていることだ。そこに見るのは、自然の有限性への危機感と、作るのではなく使うことへの貪欲な想像力だ。

一方この議論が、コロナの感染拡大と同時進行であったがために、「移動」はもう一つの重要な切り口となった。20世紀的グローバリゼーションを牽引した車や鉄道、飛行機などの大量／高速の移動手段は、地球規模で資源を搾取し続けるだけでなく、感染拡大を加速させ、矛盾に満ちたことだが、人間の自由の源でもある「移動」に制限を課すことになってしまったのである。コロナ禍はその意味で、自然からのしっぺ返しである。こうした生活基盤を見直す上で、移動様態の再考は、要となる。「Bicycle Urbanism」や「Bikeable」、「15-Minute City」は、車や歩行者に最適化された都市を、小さくゆっくりしたモビリティから捉え直す試みだ。既存の都市を自転車の目線で「診断」し、重厚長大なインフラではなく、むしろ都市を使い倒す想像力豊かな視点の獲得によって作り変えていこうとする。それは生態学でいうところの「ニッチ」を発見し、「動的平衡」状態を見極めるという、静的で俯瞰的な都市計画とは対極の新たな計画論を導き、都市を自らの身体に取り戻すきっかけにもなるだろう。

興味深いのは、こうした議論の過程で「道具」が一つの重要な概念として浮上したことだ。道具については、すでに本書(「道具と身体」)でも書いている。人間の身体の延長としての道具、その道具を介して自然を知り、逆に自分の体をも知り、そして自らも変化していく、その双方向的な関係性こそが道具の本質だと書いたが、ここに取り上げたプロジェクトはいずれも、その道具が重要な役割を担っている。普請の現場で樹を伐り、草を刈り、屋根を葺き、石を積む。あるいは農場で、土を耕し、草をむしり、野菜を収穫する。そのいずれの場面においても固有の道具があり、その道具を介して土壌を知り、樹木の特性を知り、また動物や昆虫の営みに触れ、そこかしこに生起している生態系を解像度高く理解することになるのである。それは、見ているだけでは決して会得できない豊かな体験だ。移動において取り上げた自転車も、都市空間を理解するための道具という点では同様だ。都市の微地形や地面のテクスチャ、さらには数多くの障害や、逆に自転車だからこそ通行可能な都市のネットワークなど、車を運転するだけでは決して感知できない数多くの情報が身体に飛び込んでくる。こうして身体化された情報こそが、生活の当事者であることの出発点になるし、この経験の蓄積は、生活を大きく方向転換していくに違いない。

考えてみれば、現代の都市生活者が道具に触れる機会はほんどないのではないか。日常的に手にしているのは、せいぜいパソコンとスマホくらいだろう。そこから得られる身体的な情報は、皆無と言ってもいい。今改めて道具を取り戻し、そこから生活を切り開いていく、そんな実践が必要なのだ。展覧会では、他にも数多くのプロジェクト、議論にのぼった書籍などが展示されている。ぜひこの3年間の濃密な議論を共有してもらえればと思う。

# 最適化問題と「道具」

## 自転車の形態の変遷

自転車が発明されたのは、もう200年近くも前のことだと言われている。この200年の間に自転車は、技術革新によって驚くほどに進化したが、その進化の過程で自転車がスポーツとしての地位を確立したことの影響は大きい。変速機やドロップハンドルの発明など、現在では当たり前となっている機構は、レースにおいて少しでも速く、力を温存しながら走りたいという選手の欲望から生まれたものだ。中でも自転車のフレームは、選手の力を無駄なく推進力に変えるための「強さ」と、重力に逆らって上る坂道でも有利に走れるよう「軽さ」が求められたのだ。そのためフレームは、初期にはスチール製だったが、後により軽量なアルミが導入され、近年ではカーボンが、その一つの到達点を見せている。

このフレームの進化は、技術と形態、さらには人間の身体と道具という観点で見ると、実に興味深い。例えばスチールの時代のフレームは、基本的にはどれも同じような形態をしていたために（すでに完成度が高かったからだが）、「強さ」と「軽さ」の両立のために、パイプの径や肉厚の選択が要となっていた。加えて性能に深く関わる各パイプ相互の角度や長さ（ジオメトリーと呼ばれる）は、単なる強さや軽さだけではなく、自転車の挙動や用途に応じた性能、乗り味を決める重要なファクターだったのだ。いずれにしても、この数少ないパラメータのコントロールを各メーカーが競い、それを熟練した溶接工が支えていたのだ。

アルミの時代も基本的な考え方や技術に変化はないが、アルミの軽さが武器になった一方、スチールに比べて「しなやかさ」がないことが選手の疲れを増幅させたり、また「へたり」が早かったこともあって、アルミの時代はそれほど長くは続かなかった。

そしてカーボンの時代になって、世界は一変してしまったのだ。カーボンは、軽量でありながらも強靭で、しかもスチールからアルミへの移行過程で失われた「しなやかさ」も生み出すことができたから、夢のような素材だと受け入れられたのだ。各メーカーは、「軽量かつ強靭なフレーム」を謳い文句に一気にカーボンの時代へと突入した。しかしながらこの素材変革は、金属パイプの溶接から、カーボン繊維の積層／接着への変化をも意味したから、それまでのフレームづくりの根幹を支えていた溶接技術／職人を駆逐し、金型開発という大型設備投資が可能な企業（つまりイタリアやフランスの工房から台湾の大型工場）へと産業構造を塗り替えてしまった。加えてどのようなパイプの断面形状も肉厚も製作可能な技術は、スチールの時代に比してデザイン上のパラメータの数を激増させ、軽量でありながら強靭なフレームや、強靭でありながらもしなやかさを併せ持ったフレームなど、フレーム形状／性能の関係性を、永遠に答えの出ない無限ループの世界へと推移させたのだ。どういうことか。

初期のカーボンフレームは、スチールフレームのパイプをカーボンに置き換えたものだったから、アルミに比して軽く、スチールのようなしなやかさも併せ持つ乗り味は、素材の変革をわかりやすく体感できるものだった。しかしカーボンフレームは、素材固有の製造方法、つまり金型の上に繊維を重ねて接着する技法の強みを最大限に活かす方向へと進化したのだ。つまり形状も断面も肉厚も、自由にコントロールすることを追求し始めた。言い換えれば、強さや軽さやしなやかさを、選手の力量や個性、レースのコースや用途に応じて最適な形状、断面に変えていく、いわゆる「最適化」が一つの目標になったのである。

この「最適化」の動きは、すぐにフレーム形状の変化に現れることになる。いかようにでも作ることができる技術は、大きく湾曲したフレームや、パイプ自体がふにゃふにゃしたものまでも生み出し、まるで造形を競うような多彩な形態のフレームがデザインされることになったのである。まさに「マニエリスム」である。多くのユーザーは、従来のフレームとは異なる乗り味に興奮し、そして毎年のように繰り返される「画期的に進化したフレーム誕生」という謳い文句に賛美の声を送ったのだ。しかしながらこのマニエリスムは思いのほか早く収束してしまった。そして昨今ではフレームの形状はどれも、スチールの時代とは異なるが、各メーカーの差異がわからないほどに普遍的な形式に収束しつつある。

## 「最適化」という目標設定

この短い期間に展開した形態上の変遷をどう捉えたらよいだろう。その根っ子には、自転車という「道具」が、人間の身体を動力にしているという当たり前の事実にあると僕は考えている。つまり人間の身体がそこに絡まり合う限り、「最適化」という目標の立て方自体が成り立たないということだ。例えば理屈で言えば、フレームの剛性が高ければ高いほど人間の力は推進力に置き換わり、速く走れるはずである。だが現実には、そんな剛性の高いフレームに乗ったら、人間の体はすぐに疲れてしまい、走れなくなってしまう。疲れない程度にしなやかな方がいいのだ。人間の体は機械ではないから、足が完璧な円運動をするはずもない。適度にフレームがしなって回転運動の誤差を許容してくれる方が、人間の体への負担は軽減され、結果的に長い時間、速く走ることができるのだ。

あるいは理屈で言えば、上り坂のためには、限りなく軽量なフレームの方が有利なはずだ。しかし現実には、紙のように軽いフレームに乗れば、重心のバランスは崩れ、風の影響も強く受け、おそらくフラつく自転車のバランスを取ることにエネルギーが削がれて速く上ることはできないだろう。

そしてもちろん人間は、一人一人が異なる肉体、異なる体力、異なる動きを持っているわけだし、その日の体調もまちまちだ。さらに言えば、道路の凸凹から伝わる振動も、人間の疲労に大きく影響する。だから路面状態をどのくらいいなしてくれるのかというパラメータも重要になる。こう考えると、速く走れる自転車に必要な性能とは何かを一義的に決めることなど、そもそもできるはずがない。人間の肉体やメンタルという、そう簡単に測れない動力が自然を相手にする時に介在するパラメータは無数にあるわけだから、最適化という目標設定自体に無理があるのだ。

## 建築のクリティカリティと「最適化」

しかしながら、「最適化」という言葉の魔力に多くの人は囚われているようだ。これは自転車に限らず、建築の分野においても同様だろう。昨今の学生の提案を見ていると、そこかしこで最適化こそが正義だと言わんばかりのプレゼンが続く。確かに福岡伸一さんの『動的平衡生命はなぜそこに宿るのか』(2009年、木楽舎)、あるいはジル・クレマンの『動いている庭』(2015年、みすず書房)で語られている世界、つまりあらゆるものが動的平衡に向かうという指摘は、近年でもっとも重要な指摘の一つだろう。世界は全て動いている。その動いた状態で維持される平衡状態こそが生命の原理であり、世界の秩序だということだ。そこに僕は深く共感している。「How is Life?」展において提案した「Bicycle Urbanism」の根底にあるのも、この動的平衡だ。都市を静的なものではなく動いているものと捉え、新しいモビリティ（新しい生命体に準えているが）の出現によって、都市が新しい平衡状態に向かう、そのありようを探ることを設計と捉えたわけだ。だから最適化を否定はしない。むしろ都市や生命体においては、最終ゴールを目指すマスタープラン的な思考よりも、最適化に向かう運動体として設計を捉えるべきだと思っている。しかしながら、建築は動かない。いや部分的には動くし、長い時間の中では変わり続けるが、この動かない建築に最適化というモデルを適用することの是非を、今一度冷静に考えてみる必要があるのではないか。

かつて槇文彦は、建築はクリティカリティが低いからこそ長い年月にわたって多様に変化する社会や生活を受容し、文化の受け皿になってきたという主旨のことを書いていた。つまり、窓一つが壊れたとしても建物全体は崩壊せず、また特定の用途のために作られた建築でも、他の目的にも使えたりする、そんな冗長性こそが建築の強みであるということだ。確かに電化製品は、その用途以外には使えないし、パソコンは、チップが一つ壊れただけで機能しなくなってしまう。このような指摘は、特に近年の建築のあり方に対する批評としても、今なお有効だろう。一つ一つのパラメータを精査し、それを積み上げていく、あるいは最適化に向かうような建築の作り方は、クリティカリティを高めるばかりだ。数多くの制度にも後押しされて建築の設計現場を覆い始めているこの動きは、僕たちが向かうべき方向だろうか。

## 道具としての建築へ

建築の設計における最適化と自転車フレームのデザインのそれとを一緒くたにはできないが、自転車の世界においては、考えさせられる現象もいくつか顕在化してきている。カーボンフレームの時代になって、レースの平均速度は上がったと言う。選手がかつてより速く走れるようになったのは、まさにカーボンの恩恵だろう。しかし一方で、体の故障や落車事故がスチールの時代に比べて増えているとも聞く。原因は様々なことが絡み合っているからそう簡単に断じることはできないが、しかしその一因に最適化に向かった道具のありようが影響しているのではないかと僕は感じている。

先にも書いたように、そもそも複雑で気まぐれな人間が使う道具を、数少ないパラメータだけで最適化できるはずもないし、また一方で、仮にいくつかのパラメータで最適化できたとしても、新たなパラメータが発見された途端、それは突如として不自由な道具になってしまうリスクも抱えている。

以前、『道具』としての建築」というエッセイの中で、良い道具と人間との関係性は、双方向性にあると書いた。道具を使うことを通じて、人間の身体も進化していく、その動的な関係性こそが道具の真価であると。この観点で言えば、最適化を極めた道具は、道具を使いこなすことで人間の側が進化していく余地を最小化しているとも言えるのだ。人間の側が工夫をし、使いこなしたり使い倒したりしていく余地が残されているからこそ、選手は道具と一体になって技術に磨きをかけるし、こうして築かれた選手と道具の関係性は、レース上で起きる予期せぬ事象、集団で走るからこそ起きる選手相互の複雑な動きや挙動、あるいは自然から受け取る予想を超えた外力や環境の変化を柔軟に受け止める技術にも繋がっていくはずだ。走るために必要な技術は、ただ走るという行為だけを切り出して語ることはできないのだ。そのためにも道具は、クリティカリティが低い方が良い。そこが、人間が集まって、自然界で生きていくことに道具が介在することの難しさであり、また最大の面白さでもあるのだ。

近年になって、カーボンフレームの形態は、一つの形式に収斂しつつある。それがカーボンという新しい素材が到達した、スチールとは異なる次元の冗長性に繋がるのかどうか、それはまだ判断できない。ただ、スチールのフレームが再び脚光を浴びているという事実もある。それはおそらく単なる懐古趣味ではなく、こうした冗長性に潜在する余地を人間が使いこなしていく過程で進化する人間と道具の一体感が、多くの人の身体に心地よく響き始めているからなのだと僕は思っている。

建築は「道具」たり得ているか、というのが先の冒頭に書いた問題意識であった。建築は本来、自然現象を、また都市環境を読み解くための道具として、そして生活を組み立てていくための道具としてあるべきだというのが、僕が伝えたかったことだと思う。数少ないパラメータであたかも環境に呼応したかのような素振りをする建築よりも、まだ見たこともない自然の新たな様相を炙り出す建築の方が、僕にとっては遥かに魅力的だ。それは自然に寄り添うようなものではなく、むしろ自然から際立つ方が良いこともある。生活に必要な性能を事細かに規定して組み立てていく建築よりも、多少の不自由があろうとも、それを使いこなしていく過程で得られる経験が豊かである建築の方に可能性を感じてもいる。こうした道具にも通じる建築のありようは、日々の営みや、自然との関わり合いの解像度を上げ、僕たちの自然への理解も生活の術も、そしていずれは地球環境もよいかたちで更新していってくれるだろう。

もちろんこのような建築を生み出すことは、そう簡単ではないが、カーボンのフレームが経た変遷のように、マニエリスムに陥ることなく次なる普遍的な形式を見つけていく、それを続けていくしかないのだと思う。そしてこの道具と身体、環境との連関を体感するためにも、まずは自転車に跨って自らの身体を都市に放り出してみる、そこから始めてみてはどうだろうか。多くの人におすすめしたい。

## 都市におけるストックとフロー

縮小の時代において、建築を社会資本としてストックしていくことは、今や当たり前のこととなった。確かにスクラップアンドビルドを前提とした建築は大きな社会損失だ。しかしこの健全なストックを維持していくために、実はフローにあたる流動性、仮設性が不可欠な事も忘れてはならない。空き地を利用した時間貸し駐車場は、巨大な駐車場ビルをつくることなく都市部の駐車場不足を解消しているし、博多の屋台は、雑居ビルでは提供できない食の場を提供し、市民のお腹を満たしている。ストックとフローは、都市基盤の両輪なのだ。

「ちいさなテロワール」は、岡山で開催された岡山芸術交流の連携プロジェクトとして企画された屋台村である。岡山市の一角にある時間貸し駐車場に屋台を設計し、地元のレストランが食事を提供する場を生み出したのである。ここでは、フローだからこそ実現可能な価値がいくつも顕在化している。岡山城の櫓、禁酒会館という戦災を免れた大正時代のユニークな建築、そして昭和を象徴するコンクリートのビルに囲まれた敷地は、言わば都市の切断面を見るかのような魅力に溢れている。その魅力は、この地に建築ができてしまえば隠蔽され、駐車場のまだと享受することができない。まさに仮設的な建築によってしか魅力を炙り出すことができないのである。また地元のレストランの出店が集まる場は、観光客を街へと誘う拠点としても最適だし、地元の人びとにとっての新たなコミュニティの場にもなりそうだ。フローだからこそ実現可能な人の集まり方、フローだからこそ生み出し得る都市風景を社会資本のひとつとして価値付けていくことを、縮小の時代だからこそ継続したい。

「五枚のそら」は、安東陽子さんデザインによるファブリックが5枚重なって8mもの高さにまで立ち上がる現代の屋台である。通常屋台が幟を掲げ、建具を開け広げて場を提供するように、ここでは5枚のファブリックが時に空に溶け込み、時に光を拡散して、柔らかい人の集う場をつくり出す。重機を使わず基本的に人力で組み上げられるよう、構造体は最小限のステンレスパイプとし、ちょうど達磨落としを巻き戻すように、櫓を組んでは持ち上げて、順次パイプを継ぎ足して完成する。色の異なる2枚のファブリックを貼り合わせた「五枚のそら」は1日の間に刻々と表情を変え、切り取られた空が空き地に舞い降りたようにも見える。この微かな自然の元に人が集まる、そんな場は、都市部だからこそ価値あるものになるだろう。

「五枚のそら」。5枚のテキスタイルとその下の人の集まる場。後ろにある小さな箱はキッチンスペース。これら全ては4tトラックで運搬可能である。

©奥村浩司（フォワードストローク）

# バイシクル・アーバニズム——生態学的都市計画に向けて

## 「移動」について考える

「移動」について再考しなくてはならない時を僕たちは今、迎えている。もちろんモノやエネルギー、生物や水、光、空気などの移動にも考えるべき課題は山積みだが、何よりも人の移動のありようが今、大きな変革を迎えている。

一つには、自動運転に象徴される技術革新と、パーソナルモビリティやスモールモビリティなどの小さな移動手段の出現がある。自動運転が実用化されれば、道路における流動と滞留の様相は一変し、その変化は道路の役割や意味、構造をも問い直すことになるだろう。その先に生まれる人やモノの新たな移動様態は、都市空間や建築にも再考を迫るに違いない。一方小さなモビリティは、その簡便さと自由さ故に固有のインフラに頼ることなく、既存の都市をフィールドに新たな移動のありようを体現しつつある。中でも古くから世界中で親しまれてきた自転車は、都市の移動手段としての役割に期待が高まっている。車や電車、飛行機など、20世紀を牽引してきた高速／大量の移動手段は、ここにきてその位置づけが大きく変わろうとしているのだ。

もう一つには、新型コロナウイルスの世界的な蔓延が、人の移動様態を根本的に変えてしまったことがある。グローバリゼーションを支えた高速／大量の人やモノの移動は、皮肉なことに感染拡大を加速させ、結果的に多くの人たちの移動に制限を加えることになってしまった。この自然災害を前に世界中の多くの人たちは、どこに移動するのか、なぜ移動するのか、いかにして移動するのかなど、移動することの意味と手段を解像度高く見極めなくてはならない状況に置かれていたことと思う。

高速／大量移動の脆弱さが露わになり、既存インフラの役割すら問い直されようとしている今、改めて小さな移動手段の可能性に目を向けてみたいと思うのだ。とりわけ自転車は、コロナ禍に限らず地震や台風など、災害からの復興過程で信頼性の高い乗り物としての存在感が高まっているからなおさらだ。今まさに起きつつあるこの「移動」の変革は、今後の都市や建築をいかに進化させるだろうか。

## 20世紀的な都市を読み替える

ところで僕たちが暮らす世界の都市の多くは、この20世紀的な高速／大量の移動手段を前提に形成／更新されてきたものだ。ヨーロッパの都市の多くは、旧市街がその中心をなしつつも、周辺には19世紀半ば以降に建設された郊外住宅地や新都市が広がり、電車か車による移動がその構造を支えている。このような都市構造は、アメリカにおいてはより強固だろう。ダウンタウン周縁に郊外住宅地が開発されてきた歴史は、車の普及とパラレルであった。日本においても、基本的な構造に変わりはない。鉄道網とそれを補完するバスや車の移動が郊外スプロールを後押ししたのだ。一方都市中心部は、その多くが歩行を前提とした空間構造を基盤にしているが、増大する人口の移動を支えるためにトラムやバス、地下鉄などの公共交通が整備され、それだけでは賄えないところを車が補完してきたわけだ。高密化する都市もスプロールした郊外も、移動手段と不可分に成立してきたのである。しかしながらこの生活圏と移動との関係性には、様々な課題も見えてきている。電車や道路の慢性的な過密状況は、日々のストレスや先の感染拡大のリスクも増大させるし、環境汚染も深刻だ。今後縮退する可能性の高い郊外は、インフラの維持費が大きな負担になるかもしれない。そもそもきめ細かな移動には、大きな乗り物では不都合なことも多いのだ。

もちろんこのような現状を打開するために、小さな移動手段、とりわけ自転車を軸に据えたとり組みは、すでに数多く実践されている。コペンハーゲンやアムステルダムでは、自転車道の整備のみならず、様々な制度的支援も相まって、自転車にとっての快適な移動環境が実現されているし、ニューヨークで大胆に導入されたシェアバイクは、巧みな運営システムによって移動手段としての地位を確立しつつある。そもそも自転車は、都市内移動を考えれば利便性にも優れ、健康増進にもよく、環境負荷低減という観点でも望ましい乗り物だ。また、災害時における移動手段としても、観光のツールとしても、また電車やバスなど、既存インフラとの相互連携を通じたさらなる展開も期待できる。

しかしながら世界的に見れば、自転車の移動環境はまだまだ発展途上だ。もちろんアムステルダムやコペンハーゲンは一つの理想的な姿だが、世界の各都市は、空間的にも気候的にも文化的にも異なる条件を抱えている。自転車にはどこでも「道」にしてしまう適応力があるから重厚長大なインフラは必要ないだろうが、逆に人間を動力とする特異性を有しているのだから、こうした条件には大きく影響を受けるはずだ。つまり自転車の移動空間の実現に必要なのは、都市固有の物理的な環境と人間の身体を尺度にした新たな計画論だ。それはおそらく目の前に広がる壮大な20世紀的空間を読み替え、使い倒していくための方法論にもなるだろう。

## 東京の自転車事情

ここで少し東京の現状について触れておきたい。東京も、大きくは中心と郊外という構造に括れるのは先に触れた通りだが、中心部は尾根道や谷道、坂道など、微地形に呼応して計画された江戸時代の歩行者道を基盤としている。不思議なことに、日本においては馬車の時代が顕著に現れなかったためにその江戸時代の道路網が、高度経済成長期に半ば強引に車社会へとあてがわれてきたのである。そこら中に張りめぐらされている小さな路地や複雑な街路を車が走り抜けていく光景は、その歴史の産物だ。一方、地下鉄やバスは世界でも稀に見るほど充実したネットワークを形成しているが、その便利さ故か、過密な乗車状況は世界でも例を見ない程となっている。この状況を改善するために、今なお道路拡幅や新規道路建設など、交通インフラ整備が続いているが、度重なる自然災害を契機に自転車への注目は高まり、自転車活用推進法の施行（2017年）も後ろ盾となってようやく都市の主要な交通手段に位置づけられるようになった。しかしながら自転車の移動環境整備は欧米諸国に比べて大幅に遅れをとっている。近年になってようやく路肩が青く塗られるようにはなったが実態は、自転車レーンに車もバスも停車する。貨物トラックも荷下ろしをする。そもそも車と共存する余地がない上に、物流など都市活動との衝突も度々なのである。自転車レーンが全ての道路に敷設されるのはもちろん理想だが、東京のような高密で複雑な現代都市においては、こんな定石通りの計画は、時に危険を助長することだってあるのだ。

もちろん自転車は、東京においてはすでに日常生活に深く浸透している。買い物や子供の送迎に大活躍の「ママチャリ」(籠のついた実用的な自転車、ママは母の意)は、便利さゆえに歩道車道構わず(本来は車道だが)都市を駆けめぐっているし、また郊外から都心へと通勤通学に自転車を利用する人たちも急増し、朝夕の幹線道路の路肩は、クロスバイクやロードバイクで溢れている。一方、ロードレースなどスポーツとしての自転車もここ10年くらいの間に一気に普及し、週末になれば、レースが日本随所で開催されるまでになった。そんな人たちは、都市において練習できそうな道や時間帯を探してレースさながらに疾走している。自転車の種類も走り方も乗る人の属性も多層的に展開し、皆がそれぞれの必要性や欲求に従って自らの「道」を探しだしているのだ。このような状況は、駐輪という行為においても同様だ。駅前には巨大駐輪場が設置されているとは言え街中のインフラ整備は追いつかず、加えて目的地の目の前まで行けることが最大の魅力である自転車は、ガードレールに括りつけられるだけでなく、商店街の看板に紛れ込んだりビルの隙間に忍び込んだりと、インフォーマルな駐輪を日常空間の中で繰り広げている。

市民レヴェルでは、自転車が日々の足であり楽しみであり、また魅力的なスポーツであるにもかかわらず、都市計画に自転車の目線がないために、自転車が言わばゲリラ的に自らの居場所を開拓しているのが東京の今なのだ。

しかしながら、このような東京の空間事情と自転車事情は、未来の都市に向けての興味深い示唆を与えてもくれる。

## 生態学的都市計画

言うまでもなく自転車は、身体を拡張する「道具」である。歩くには遠いところでも、自転車ならば易々と行ける。また自転車が環境と身体の間に介在する「道具」であるが故に、自転車に跨がれば、歩行や運転では気づくことのなかった地形や風により敏感に反応するし、自転車のスピードだからこそ発見できる風景もある。また移動の際には、垂直のランドマークよりも川や高速道路など水平なランドマークの方が頼りになることも度々だ。つまり車や歩行では感知できなかった数多くの情報が、拡張された身体を通じて新たな価値を纏って浮上しているわけだ。

一方で自転車は、人間が動力だから、長時間乗ったり坂道を走れば疲れるし、生身の体が都市空間に放りだされるわけだから、他の移動手段との交錯が安全性を脅かすことも現実だ。身体の可能性が拡張されると同時に身体は、その限界をも明示するのだ。だからこそ自転車を手にした人たちは、日常生活の中で自転車にとって快適な道、安全な場所を動物的に嗅ぎ分けて走っている。買い物の時は、多少遠くても坂道や交通量の多い道を避け、逆にロードレーサで疾走する人たちはあえて坂道や、交通の空白地帯／時間を求めて疾走している。そこでは路面状態や路肩の広さ、信号の数など、これまで意識にものぼらなかった要素が安全性や快適性の指標として拾い上げられているだけではなく、近い／遠い、早い／遅いといった距離や時間の価値も書き換えられているのだ。

この身体の拡張と限界の鬩ぎ合いから立ち現れる「新たな身体」が、歩行や運転とは異なる解像度／価値体系で都市を読み替え、自らの居場所を見出していく様は、自然も人工物も含めた都市という巨大な生態系の中で「ニッチ」を探す新たな生命体の活動にも準えることができるだろう。つまりワシとフクロウは、活動時間が昼夜逆転しているが故に同じ餌を食べながらもお互い争うことなく共存し、またイワナとヤマメは、上流と下流で棲み分けているからこそ同じ川を共有する。この自らが生きる時間と空間の動的な平衡状態は生物多様性を支える前提だが、自転車が、道路や地形などの物理的な環境だけでなく、交通や物流、季節、気温、風や光などの変化も含めた環境のパラメータに応答しながら自らの時間と空間を見極めているのは、都市において新たな共存状態を探る生態の表出なのだ。それは自転車をとり巻く環境整備が過渡期にある東京だからこそ余計に顕在化しているのである。

つまり小さな移動を受け止める都市に必要なのは、この新たな身体の生態を空間として定着させ、既存の空間を読み替え、潜在するニッチのネットワークを発見し、時にそれを拡張していく生態学的都市計画だ。それは、大量高速輸送手段のように世界中を同じ尺度で計画するといった20世紀的方法とは対極の、環境応答的かつしなやかな計画論だ。ママチャリかロードレーサーか、その「種」の違いに応じたニッチは何か、地形豊かな都市では、距離と起伏はどう天秤にかけられるのか、グリッド状の都市では何がルート選択の指標になるのか、熱帯と寒帯での快適さの基準は何か、こうした問いの延長上にそれは炙りだされるはずだ。

僕たちの東京での提案は、まさにその実践である。「30m Heaven」は、豊かな微地形が広がる東京において、平坦に移動できるネットワークを浮かび上がらせている。物理的な距離よりも平坦を志向する自転車の生態は、街の隣接関係を改変し、従前とは異なる場所の価値を街に付与することにもなるだろう。「Bicycle backlane」は、複雑な街路網の観察から発見した並行に走る二つの道を、それぞれの生態に応じたニッチとして読み替えたものだ。「Bicycle Highway」は、幹線道路の断面構造の再編成である。自転車道の整備は歓迎すべきだが、幹線道路の路肩は物流、公共交通で混み合っている。むしろ道路中央の方がはるかに安全で快適なのだ。これも新たなニッチの発見と言っていいが、日常的な営みまで視野に入れた上で見えてくる合理性は、今後の都市計画に不可欠な視点だろう。「Buil.climb」は、戦後の高度経済成長期に整備された重厚長大なインフラの再解釈／再利用である。今まさに更新の時期を迎えた

「Bicycle Highway」。東京のような街の幹線道路においては、自転車道は、道路の中央の方が合理的だ。これならば、公共交通や宅配便、タクシーなどともバッティングしない。小さな乗り物には、それに相応しい都市のニッチを探す必要がある。

線形空間を建築化しつつ、ヒルクライム好きのサイクリストの聖地にしようというものだ。小さな移動手段の生態から導いた建築が遡及的にオフィスや商業施設の新たな空間モデルも提示している。「駐輪の風景」や「Weekend Void」は既に起きている現象だが、このカモフラージュするような駐輪における自転車と都市空間の関係性や、都市の流動の空白を見つける行為には、学ぶべきことが多い。東日本大震災後の復興のために、サイクル・ツーリズムを通じて地域に人の集いや小さな経済をもたらすている実践だ。「ポタリング牡鹿」は、既に9年間継続している実践だ。震災の記憶と復興の過程を身体的な経験として刻むことは自転車だからこそ可能なことだ。もちろんニューヨーク、チューリッヒ、サンフランシスコなど、都市が異なればそこにはまた独自の展開があるだろう。その計画が結果的に各地の固有性を炙りだし、そこでしかできない都市の身体的な体験をもたらしてくれるのなら、これほど楽しい事はない。

## 移動の未来

移動は、人間の根幹にも触れる自由の象徴であり、文化や経済を動かすエンジンでもある。より早く、より大量に、を一つの目標に掲げて進化し続けた高速／大量の移動手段は、世界の関係性を大きく変え、数多の経済的な繁栄ももたらしてくれた。世界のどこででも誰とでも容易に会うことができることは、もちろん幸せなことである。しかしながら、この技術が圧縮し続けた時間と空間は、冒頭でも触れたように世界を一気に脆弱な状態に陥れ、それに加えて移動という行為そのものの価値を脱色してきたようにも思うのだ。もちろん飛行機の機内でも高速電車の車内でも、多くの人は仕事などに勤しみ有意義な時間を過ごしているだろうが、それは経路とは切り離された空間での行為である。この移動様態は結果的に始点と終点にのみ価値があるといった世界認識を僕たちの中に植えつけ、移動に本来備わっていた自由、つまり思いも寄らない場所や事象に遭遇することの喜びをも奪ってしまったと思うのだ。人間が生みだした技術が逆に人間を束縛し始める、まさにその矛盾に陥っていたわけだ。

自転車は、その点で移動することの原点を思い起こさせてくれる乗り物だ。止まることも進むことも脇道に逸れることも自由だし、自らの身体活動をともなう経路は、身体的な経験と一体になってからだに記憶される。そこでは、始点と終点以上にプロセスの価値が前景化している。

もちろんここで移動手段の良し悪しを判断するつもりはない。むしろ今後も数多くの小さくてゆっくりとした「種」は誕生し、その度に「生態系」は進化し続けていくのだと思う。そのような未来に向けて、今起きつつある移動の変革は、価値ある一歩だ。この数ヵ月の間僕たちに課された問い、つまりなぜ移動するのか、どこに移動するのか、いかにして移動するのか、この移動にむけた解像度の高い思考は、新たな選択肢を得て移動様態を大きく変えるだろうし、生態学的都市計画は、集約化、高速化こそ価値であると信じた時代を超えた新しい日常と自由をとり戻すことにも寄与するだろう。これは、世界の多くの都市が成熟を迎えた時代であるからこそ可能な新しい都市デザインの試みであり、またグローバリゼーションに覆い尽くされた世界において、改めて場所の価値を再確認することにもなるはずだ。

地上0mから200m、全長2.4kmのビルの屋上を自転車の道にする「Buil.climb」。
東京のビルの谷間を走る抜ける新たな東京の名所。

「Buil.climb」の屋上には、神社もある。ここからは東京湾を臨むことができる。
この道は、自転車だけでなく、ジョギングや散歩の道になってもいい。

# 身体から建築を捉えなおす

千葉学＋伊藤亜紗

## 自転車という道具と身体性

伊藤　ＴＯＴＯギャラリー・間で開催されている展覧会「How is Life?」には、自転車に関わるプロジェクトがいくつか入っていますね。私は、自転車にすごく興味があって、個人的に「メディア」として面白いのではないかと思っています。自転車を道具として捉えると、移動という「作業するための道具」であると同時に、景色や風や振動を「知覚する道具」でもある。そうしてみると、能動性と受動性がミックスされているのが自転車の面白いところではないかと感じます。映画館の席のようにサドルに座って、周りの景色を見ることができるという受動性と、自分で漕ぐという能動性が同居している。

以前、エンジニアの方の力を借りて、外で自転車に乗っている人が体験している景色や振動を、室内用自転車で再現する実験を行いました。バットキッカーというサドルにつける機械を使って振動を再現しつつ、景色をモニター映像で再生する。そうすると、被験者は本来漕ぐ必要のない室内用自転車をついつい漕いでしまう（笑）。この景色の変化なら、このくらい漕いでいるはずだ、という経験の蓄積が自動的に呼び覚まされる。自分の中の「自転車性」のようなものを感じてちょっと怖いくらいなんです。

**千葉**　僕も、自転車という道具を介して身体が知覚できることはすごく多いと感じています。自転車に乗り始めた頃、乗らなければ気付けなかった風景に気付き、とても新鮮な驚きを覚えました。

普段歩いている道も、自転車に乗った途端に感じ方が変わってしまう。たとえば、普段は気にも留めない路面状況などが刻々と身体に飛び込んできて、そのことで乗り方も変わっていくことが面白かった。そういう意味で、自転車は街を知るための一番良い「道具」だと感じていましたが、能動性と受動性がミックスされているという指摘は興味深いですね。道具が面白いのは、単に対象を知るだけでなく、身体の側も進化する双方向性にあると思っていたのですが、そこにも通じることですね。

誰もが親しんでいる道具だからこそ、人を集める媒介にもなります。東北の震災の後、牡鹿半島で復興のお手伝いをしたのですが、観光で人を呼ぶための仕組みとして、自転車イベントを催しました。自転車好きに声をかけて、牡鹿半島を一周する企画です。ところがコロナが感染拡大してからは、他の地域から大勢の人を現地に送り込むわけにはいかない。もちろん中止という判断もあり得たのですが、何かいい仕掛けはできないかと。

そこで、身体的な経験を共有できれば、同じ場所に集まらなくてもいいかもしれないと、リモートによる自転車イベントを考えました。牡鹿半島で走っていたコースは、1周約90km、標高差が1400m程。このリモートイベントでは、参加者がそれぞれの地元で同じ距離や標高差のコースを見つけて、同じ時間にスタートし、SNS上でシェアをしながら、夕飯は地元から送ってもらった食材を食べる。その盛り上がりは想像以上で、同じ身体的な負荷を、同じ時間に共有し、同じ食事を取るだけで、不思議な一体感を生んだんですね。同じ身体的な経験をすることで通じ合えるものがある。

---

**伊藤**　距離だけではなく、標高差も同じにするのは、サイクリストにとって標高がとても重要なのですね。「Buil.climb」というプロジェクトがありましたが、「マジすか!?」という感じ(笑)。

**千葉**　自転車がそれなりに面白くなってくると、ただ走って景色を見るだけでなく、自分の身体と向き合う時間の意味が大きくなってくる。僕も毎週のように自転車で山を登っていましたが、身体的な負荷に対する身体の反応はとても正直です。登るスピードはだいたい変わりません。ある日突然速く走れるなんてことはない。その日の体調や気分で多少前後するくらいだから、自転車に乗ることは、自分の身体の調子や老いを確認するために走っているようなものです。

「Buil.climb」はそういう意味で、ちょっとマニアックな人向けかもしれませんが、自転車という道具が介在するからこそ気づく自分の身体という意味では、都市に必要な場だとも思います。ただ、一口に「自転車」と言ってもさまざまな種類があり、それぞれ乗り方や楽しみ方も違う。包丁にも出刃包丁や刺身包丁があって、板前が包丁を入れた途端に素材の鮮度すらわかるように、道具と人の研ぎ澄まされた関係も多様に想定できる。しかし現代の都市では、移動する経験は、ある意味単調です。電車に乗る、バスに乗るなど、座っているだけです。そういう都市空間の経験の希薄さに対し、都市だからこその道具と身体の研ぎ澄まされた関係を探っていくことも必要だと思うんです。

**伊藤**　私は陸上部だったので少しわかる気もしますが、自分の脚で走ることと、自転車で走ることは、やはり少し違うのではないかとも思います。「道具」を介して「発見」されるという部分が大きいですよね。

この前、初めて自転車のフィッティングを体験したのですが、自転車と自分の身体の関係をチューニングすることで、努力して到達する境地ではない、「え？　そんなところあったの？」という自分の身体のポテンシャルに届く感覚があった。スタッフの方によると「ほとんどの人は座れていません」というんですね。最初は意味が分からなかったのですが、調整用の自転車に乗せてもらって、ミリ単位でサドルやハンドルの位置を調整してもらうと、ママチャリ風にしか座れていなかったのが、周りから「かっこいい」と言われるくらいになった(笑)。勝手に足が動くというか、自分の感情とは関係なく漕ぎたくなる。自分の身体の未知な領域との出会いで、とても面白かった。

**千葉**　僕もやってもらったことがあります。道具がある不自由さがあるからこそ、道具と身体がシンクロしたときには新しい身体を感じますよね。

## テクノロジーと身体

**伊藤**　去年『体はゆくできるを科学する〈テクノロジー×身体〉』(2022年、文藝春秋)という本を出しました。テクノロジーを使って身体が新しい能力を獲得するとは、どういうことなのかを考えた本です。

一般的には何かをできるようになることって、昭和スポコン的に、努力して何か遠い目標に到達するというイメージですよね。でも、「できるようになる」ことにはパラドックスがあって、脳からすればやったことのないことは命令が出せない、身体からすれば脳の命令がないとできない、お互いお前のせいだと言っているのが「できない」という状態です。「できる」ということが起こるためには、「脳が身体に命令を出す」という構造自体が破綻していないとできない。つまり、身体が意識のコントロールをはみ出して、よくわからないけどなんかたまたま「できてしまった」みたいなことが必ず起こっている。できてしまうとあっけない(笑)。

テクノロジーにはシンプルなものから複雑

なものまでいろいろありますが、「意識」とは一緒に行けない場所に、「技術」とならけるみたいなところがある。それで「体はゆく」というタイトルにしたんです。技術を使って身体に無理やりなにかをさせるということではなく、「この感覚どうかな？」と身体にサジェスチョンするのに近い。本の中で紹介したのは、ピアニストの打鍵の動きを、手に嵌める人工筋肉によって体験させると、その道具を取った後も、経験したことのないスピードで動かせるようになっている。だから筋力がアップしたとかではなく、その速さで打鍵する感覚を、テクノロジーが体験させてくれることによって「できる」ように変わる。

そういう身体とテクノロジーのいい関係みたいなことにすごく関心がある。たぶん障害や脳梗塞のこととかもリンクしてくると思うんですよね。

**千葉**　僕も、以前足を骨折する大けがをして、その後足がまったく動かなくなり、3ヶ月ほどリハビリしたことがあります。足を動かそうとしても、全く反応しなくなった。脳は動かそうと信号を送っているけど足の方が受け取り方を忘れたのか、あるいは足を動かせない期間が長かったから脳もそれに伴って働かなくなったのか、どちらかわかりませんが、そのときに、研究段階のリハビリ器具を身体に取り付けたんです。その器具は下半身につける大リーグボール養成ギプスのようなもので、筋肉に流れている微電流を拾いながら、その微電流に応じて足の動きをちょっとだけサポートする。そうすると、それまで歩けなかったのに、その器具を外しても歩けるようになるんですよ。

擬似的に経験をさせるすごい技術です。でも一方で、人間は生体電流で動いている事実を見せつけられているようで、なんか夢も希望もない感じもしました(笑)。

**伊藤**　そういう体験を建築にまで延長して考えるのですか?

**千葉**　建築を支える技術は意外とプリミティブです。昔からそれほど変わらず、最後は人間が作るから、そういう先端技術と連動するかはわからない。

でも僕自身は、人間の身体が、喜びや人といることが楽しいと思える感情は、空間と連動しているのではないかと思っています。たとえば、ここに1枚壁があるために、隔てられているというよりは、逆に、つながった感覚を持てるみたいなことがあると思うんですよね。建築って結局、出来上がれば動かないものだし、動かないという不自由があるからこそ、その空間と人間の身体が響き合えるのだとも思います。

設計をするとき、そういうことを意識してやっていると思います。こうしたことは、もしかしたら「道具」に通じることかもしれませんね。建築もある意味で「道具」のようにならなくてはいけないと。

## 「富士ハーネス」での経験

**伊藤**　全盲の友達が、千葉さんが設計された日本盲導犬協会の「富士ハーネス」に連れて行ってくれました。その友達は「自分にとっ

「日本盲導犬総合センター富士ハーネス」屋外ドッグラン。訓練や来訪者に応じて開放のされ方が変化する。 ©西川公朗

ては、その盲導犬が最後までいい一生を暮らせることが一番大事なことだから」と、盲導犬を看取ったんですね。でも、盲導犬と別れたことは、ものすごい大きな喪失だったようです。

盲導犬と一緒に行動することは、盲導犬がちょっと首を振ったら、それがちゃんとハーネスから伝わってくるように身体を調整していく、その行動をインプットできる身体にある意味つくりかえることなんですよね。もう10年以上もそういう身体になっているので、身体的・感覚的にものすごく喪失感がある。私は毎月1、2回彼女にオンラインで話を聞くという形で、彼女の喪の作業に並走しているのですが、その一環として、他の盲導犬に会ってみようと「富士ハーネス」に行ったん

「日本盲導犬総合センター富士ハーネス」俯瞰。エントラス棟や訓練棟など、様々な機能の独立した棟を蛇行する回廊が繋ぐ。棟は同じ勾配の屋根が、配置と規模を変えて連なる。
©西川公朗

です。あそこで育った盲導犬の生き生きとした感じと、あの建物がすごくマッチしていると感じました。

**千葉**　なるほど。「富士ハーネス」は、福祉施設に分類されるので、さまざまな法制度に縛られます。それを根本から問い直そうという思いがありました。たとえば点字ブロックに代わるものはあるかなど、目の不自由な人に必要なことをゼロから考えることを、協会の方々と一緒に行うことができたのは、幸せなことでした。また目の不自由な方が主に使う建物に窓を付けるとはどういうことか、目の不自由な方々は普段どう行動するのか、日常を一緒に過ごしながら考えました。もちろん犬の目線での議論も数多くありました。犬の教育や犬の一生、老後の過ごし方も含めて

「日本盲導犬総合センター富士ハーネス」のラウンジ棟と回廊。小屋の使われ方に合わせた床仕上げは歩行感で現在地を伝える。 ©大野繁

考える中で、いわゆる福祉施設という枠に回収されないような建築になったことが、そのような印象に繋がっているかもしれないですね。

**伊藤**　いろんな社会制度が、障害者が生きやすくなるために物理面や、ソフト面で整うことも大事なのですが、でも整えば整うほどその制度の枠で生きていかなくてはいけない人生になりがちです。

典型的なのが点字ブロック。点字ブロックってすごく助かるし、ないと困るんだけれど、視覚障害者からするとその上を歩けという「レールが敷かれている」ような感じがする。「しょうがないから乗っとくか」みたいな言い方になる場合が多いんですよね。選択肢として準備することは必要ですけど、点字ブロ

ックだけが歩行する唯一の方法じゃない。別に「乗らなくてもいいよ」と。

**千葉**　この建物は1個1個が木の小屋みたいにできていて、それを回廊で繋いでいます。設計当初、それぞれの小屋の使われ方が異なるので、直感的に床の仕上げを全部変えようと思ったんです。実際、役割を終えて足腰が弱っている老犬の小屋は、滑らないことや爪が引っ掛からないことがとても大事だからこの素材でなくてはだめだとか、この小屋は汚れても良い床材にしようとか。そういうことを突き詰めていった結果、すべての小屋が違う床仕上げになりました。オープニングのとき、視覚障害者の方に、「建物に近づくと木の香りがして、どの部屋にいるかが足裏の感覚でわかるから、すごく安心する」と言われました。設計するときは直感的に決めたことの意味を、できてから教えてもらったようなところがある。こういうプロセスも、自分にとって、設計の考え方が大きく変わったところです。

**伊藤**　感覚が変われば指標が変わるというか、同じ物理空間を見ていても、感じ方が違うんですよね。たとえば視覚障害者に待ち合わせ場所を決めてもらうと、晴眼者にとってはなんだかよくわからない場所だったりするんですよね。見えていれば、マクドナルドの看板の下とか、コンビニの前とか、視覚的な指標が基準になりますが、彼らの場合は、白杖で叩くとカーンって音が鳴るものがあるところだとか、タイル張りの床がそこだけ工事をしてあって新しいところとか、そこだけ縁石がちょっとひび割れてるとか、全然違うところにサインを見出しています。そこから立ち上がってくる街の風景は全然違いますよね。

**千葉**　でも、その感覚を共有するのは難しいですよね。僕の父は母親が亡くなってからずっと1人暮らしをしていて、高齢になって足腰も怪しくなってきて、1人で住まわせておくわけにはいかないなと思って、実家を建て直したんですよ。設計する際に、こっちは過剰に配慮するわけです。父の部屋は少し温かい床材にしておいた方がいいかなと、「カーペットにするのはどうかな」と聞くと、「そんなのいらない、コンクリートのままでいいじゃないか」みたいなことを言われる。親子の間でも同じところを見てないというか、全然違う感覚で生きていて、本当のところはわからないですよね。

**伊藤**　そうですよね、でもそうしたやりとりは大事だと思います。ある高齢者施設で、建築家がかっこいい看板を付けてくれたのですが、透明のドアのところにその施設の説明が小さくデザインされて入っている。そうしたら「これじゃわからん」とお年寄りがみんな心配して、独自の看板をみんなつくって持ってくるんですよね。この前行ったら看板が4つあった（笑）。

**千葉**　本当はそうやってさまざまな主体に使い倒される余地がある方が、建築としては幸せだと思いますね。

**伊藤**　「Tool Shed」のプロジェクトは、そうした意識の変化に関わる部分かなってちょっと思いました。カリフォルニアのバークレーはよく「障害者の聖地」って言われています が、海をはさんで反対側のサンフランシスコの街の中心に「ライトハウス」という視覚障害者の施設があります。そこでは見えなくなった人が泊まりで研修を行ったり、さまざまなワークショップに参加できるんです。その研修メニューは、料理や身の回りのことなど生活訓練が中心なのですが、感動したのは、3Dプリンタの使い方も学べるようになっていたことです。視覚障害者にツールを渡してるんですね。欲しいものは自分で作りましょう、と。Arduinoなどの電子回路も視覚障害者が作れるような仕様にしたものが置いてありました。一般の方向けの道具をうまく変形させて工夫をすれば、視覚障害者も使える道具になるんですよね。

先回りの配慮では、つくる側が健常者で、受け取る側が障害者でというふうに固定されてしまう。でも、ここでは、とりあえず道具を渡すということを自覚的にやっているんです。ちなみにライトハウスは建物そのものも、視覚障害者が設計しているんです。もともと見えていたんだけど、見えなくなった方です。内装もみんなで相談して決めていて、とても居心地がよい。

## 意志決定に身体性はどう関わるのか

**千葉**　國分功一郎さんが書かれた『中動態の世界—意志と責任の考古学』(2017年、医学書院)を読んですごく共感したのですが、人間がこうしたい、ああしたいという「意志」そのものを疑っている。建築の世界では、常にその「意志」を問い続けてきたところがあると思います。あなたは一体何をやりたいのか、あなたの設計コンセプトは何かと、教育の場面でも問われるし、それが建築家のアイデンティティと結びついてきた。建築家の個展を開催してきたTOTOギャラリー・間は、そのアイデンティティを軸に展開してきたわけです。

僕はそれを半分、疑っている。つまり、僕たちが設計プロセスでこうしたいって判断することも、身体に刷り込まれてきた経験が導く結果でしかないと思うので、僕の「意志」が設計しているというよりは、たまたま置かれた状況の中で、僕という身体を介して炙り出されたかたちなのではないかと。これがよく「直感」と言われることですが、直感は実は、脳の論理的な判断だとも言われていますよね。建築の設計をやっていて、こっちの案の方がなんとなくいいというのは、今はまだ説明ができないとしても、脳の中では明快に判断をしている。人間の身体には、まだ開拓できていないことがたくさんある。人間は、人類の歴史とともに道具を作ってきていますが、この身体の開拓に道具が果たす役割が大きいのではないかと思います。

**伊藤**　面白いですね。今、「会議の研究」をしていて、会議は「意思決定」をする場だと思うのですが、その意思決定のされ方には結構、非理知的なところがある。必ずしも、データ的に証明できるとか、合理的に説明が付くことだけだと、合意形成・意思決定はできないんですね。そこに、何か身体的というか、非合理的な何かが入ってくる。

会議には、人間のすごくつまらない部分とすごい面白い部分が共存している気がするんです。前に塚本由晴さんが、「建築は打ち合わせの連続なんだよ」と言っていました。なので、研究の一環で、いつか建築の会議を見てみたいなと思っていたんです。最近たまたま機会があって、公道をつくる際に、アパートと母屋の土地が分断されてしまうため、建て直すという会議に参加させていただいたんですね。設計事務所の方とお施主さんと工務店の親方が集まって会議をする場だったのですが、途中、とても険悪になったんです。共同作業の中でボタンの掛け違いが起きていて、結構シビアな感じだった。関係の悪さの原因はいくつかあるのですが、一番大きかったのは、設計事務所の方が、工務店の親方がどうしても下請けマインドに終始して言われたことしかやらないことに不満を持っていて、一緒につくる仲間になってほしい、と思っていたということでした。でも難しいのが、「もっと能動的にやってくれよ」と言って出てくる「能動性」って偽物じゃないですか。

結局どうなったかと言うと、お施主さんが会議の後半でメタファーを使い出したんです。「ここはサバンナだ」「向こうに川が見える」「川の向こうに行くとジャングルがある」と。その工務店さんに向かって、「あなたはサバンナの生態しか知らないけど、川を渡って向こうに行けばジャングルの全然違う生き物がいる。だから新しい仕事の仕方も見つけようよ」「この川を渡るのは大変だけど絶対に見捨てないから一緒に渡ろう」、みたいな。なかなかうまい比喩で言ったんです。

そうしたら工務店の親方が「その話は俺には分からない」と言い出したんですね（笑）。親方からすると、「そんなメタファーなんかで仕事してないんだ」みたいな感じだったと思います。でもそれがきっかけになって、その親方は自分の身体に眠っている歴史みたいなものがパァッと出てきて、「実は俺は設計事務所がこの部分を25㎝で設計しているのは、大工としての経験値からして絶対おかしいと思っていた」みたいなことを言い始めた。どうせ構造計算でやってるんだろう、俺たちは違う、身体に染み付いているんだ、と自分たちのプライドみたいなものをちゃんと出してきた。

表面的にはすごくぶつかっていて、設計に対して文句を言う時間があって、でもそれこそ設計事務所の方が求めたものなんですよね。表面的には対立しているのだけども、そういうふうにコミュニケーションが生まれ動き出した。傍からそのストーリーを見ていて、すごい面白い会議でしたね。

**千葉**　具体的に説明できることだけだと、なかなか会議はまとまらない。だとすると、最後どんなことで決まったんでしょうか？

**伊藤**　さかのぼると、あそこが分岐だったよね、みたいなことはあるわけです。30分前のあの言葉が効いていて、それがこれに影響しているみたいに、結構インターバルがあって効いてくるみたいなことがある。30分前にはそんなふうには思ってないし、ここで伏線張っておこうということでもない。でもさかのぼれば説明できると思います。

## 何かをつくるということ

千葉　設計のプロセスは論理的に見えますが、実際は論理的じゃないことだらけで、僕はどちらかというとそれを楽しむ方なんですけど、最近の建築界はむしろ説明を求められる場面が多くなっています。それは過剰なほどで、たとえば市民説明会やワークショップは日常になりました。合意形成が必須なわけです。もちろんそれはとても重要だし、想定しなかったような意見を聞くことは、設計にとってはとても価値あることですが、一方でその圧力が強まると、わかりやすい説明に依存しがちになっていきます。だれもが反対をしない理由づけだけで語るようになる。それは方法論としては良いとしても、一方で説明可能なことだけで設計を進めていくと、建築は面白くなくなってしまう。でも大きな流れとしては、このような説明可能性に依存した建築が増えているようにも感じています。それは非常に残念なことだと思います。こうした「説明をしなくてはいけない状況」は、建築に限らず、今、社会全体に広まっている。どんなことに対しても説明をしなくてはいけない、その不自由さが蔓延している。

本当は説明がつかないけど、なんとなくこっちがいい、ということはある。後になって「これは、こういう理由だったのか」と気付くのですが、その気付きが新しい発見に繋がって、また違う世界が見えてくる。それこそが唯一、建築における進化、発展なのではないかと思うんです。

**伊藤**　説明責任にはアカウンタビリティとレスポンシビリティがありますよね。今強いのはアカウンタビリティです。たとえば法律とかコンプライアンスみたいなものに対しての説明責任。でも、レスポンシビリティ（応答）はもっと対人間なんですね。関係性の中で、何をするべきかが決まってくる。

レスポンシビリティに基づく司法の考え方として、修復的司法という考え方があります。法律に照らして罪を問うというアカウンタビリティ的な発想だと、肝心の被害者が司法プロセスの蚊帳の外に置かれてしまう。修復的司法では、被害者と加害者、あるいはその周囲の人々など、事件の当事者が話し合うことで、事件によって引き起こされた害悪の解決を模索することを目指します。

事例としてよく出てくるのは、１９９４年のアフリカのルワンダ虐殺後の和解です。隣人たちがすごく短い間に大量に殺し合うっていうことが起こって、その後どう和解するのかというプロセスを、アカウンタビリティではなくレスポンシビリティでやったのです。そこではたとえば、加害者が被害者の破壊された家を再建したりする。もちろん和解といっても本当に許したわけではなく「恨みながら生きていくのが嫌だから許す」や「一緒に生きていかなくちゃいけないから許す」など、被害者の思いは複雑だとは思いますが。

**千葉**　そこでは、何かを作ることも重要なんでしょうね。作ることは、人間にとって原始の時代から続く共同作業なので、そういうものを通じてわかり合えるところもあるのかもしれない。

## 自然と人間との関わり

**千葉**　僕は、もともとランドスケープデザインに興味がありました。建築の、特に形態論を勉強していましたから、建築を設計することと自体はとても面白かったのですが、一方で形を作ることは、すごくオブジェクティブですよね。その「図」としての強度よりも、それによってできる「地」の方に興味があったんです。建築は、その周辺にできる余白を作るための手段にすぎないんじゃないか、そう思って建築の設計をしていました。

ランドスケープデザインとその職能の歴史は、アメリカを中心に形成されてきていますね。アメリカは荒野を開拓して街を作ってきた歴史があるので、自然をどう切り開くのか、自然との関係性の中で何をどう作っていくのか、ということを考えざるを得なかった。だから「自然に手を加える」ということは、常にテーマとして浮上してきたんだと思います。その裏返しが自然保護です。手を加えているからこそ保護するという視点も生まれる。でも、自然を保護するってすごく俯瞰的で、ある意味、とても上から目線の行為だとも思います。

ジル・クレマンの考え方はもっと動的で、関係性に重きが置かれている点に共感します。『動いている庭』では、人間が手を加えて変わっていくその動的な状態こそが庭の本質だと言っている。今の日本のランドスケープや現代の建築の設計における自然の扱い方に関しても、必要な視点だと思います。

でもよくよく考えれば、日本の里山も、じつは人間が手を入れて初めて成り立っている風景だし、雑木林も元々は人間が適宜刈って使っていたからこそ存続している自然です。その動的な関係があったからこそ、文学や美術の世界でも「美しさ」として表現され続けてきた。だからこういう世界観は、日本にもごく普通に共有されていたと思うんですよね。人間が手を入れることで変わってく動的な全体を「庭」として捉える視点は、庭に限らず、街を考えるときにも、建築の設計においても必要なことだと思います。

**伊藤** 建築の余白が、ランドスケープとして生まれてくるという視点は面白いですね。

ケンブリッジ大学の人文地理学の研究者マシュー・ガンディー教授が撮影した、「Natura Urbana」という映画を観る機会がありました。ベルリンの街の植生をずっと調査している人たちについての映画です。ベルリンは、積まれたままだった戦争の残骸の上に植物が生えて森ができたり、西と東を隔てる壁の存在は、植物の種の飛散にとって障害になりました。人間の歴史と植物の生態が濃密にリンクしている街なんです。私も最近自分でベルリンに行って、ヒットラーが改修したテンペルホーフ空港が廃止されてほぼそのまま公園になっている場所を見に行きました。巨大な滑走路の上で人がバーベキューしていたり、自転車を漕いでいたりする。非日常的で宇宙的な雰囲気のなか、滑走路の外側には植物がたくさん生えていて、ある種乱暴な人工性をそのまま残したことで生まれる余白としての自然の力を逆説的に感じました。

都市の自然は一見、貧しいように思いますが、その映画によれば、ベルリンにはものすごくたくさんの種類の植物が生えていて、生物多様性的にすごく豊かだそうです。自然保護みたいな上から目線ではなくて、人間の歴史と自然の変化がミックスされている。さきほど「老い」というテーマが出ましたが、町自体が老いていく、もう使わなくなったものをあえてそのまま放置する。自分の老いと重ねたとき、なんかもっと楽観的に考えてもいいのかなと(笑)。

**千葉**　そうですよね。建物も老いていくと、意味や役割も変わってくるし、自然も絡んでくる。人工とか自然を対立的なものとして考えるのではなく、相互に絡みあったひとつの生態系として捉えていくことが重要なんでしょうね。

伊藤さんの本を読ませていただき、すごく強いなと思ったのは、基本的には個別の事象の詳細なドキュメントだということです。その個別の事象を深掘りすることから見えてくる新しい気付きや価値判断が持つ強度です。それは力強いし、未来に向けての希望です。実は建築も一回性のもので、つねに個別解です。そして建築家もどこかで、その個別解から普遍性を見つけようとして、言語化し、論理化している。

僕は、その個別解を発見することを、毎回、面白がれる資質が建築家には必要だと思っています。それができないと、多分建築を面白がることはできない。でもそこでの論理化がひとつのアイデンティティとして定着してしまうと、途端につまらなくなっちゃうところがある。伊藤さんの行う研究の強さは、その意味で建築界が身に付けていくべき姿勢だなと思いながら読んでいました。これからの時代、制度がさまざまな領域を包囲し、説明可能性は情報化とセットで思考を覆い尽くしていく。そのような時代には、こうした個別の事象をひたすら深く掘り下げていく、そのことの重要性がより増してくるだろうという気がしています。

---

**伊藤亜紗**
1979年東京都生まれ。美学者。2010年東京大学大学院人文社会系研究科を単位取得退学。博士(文学)。2013年東京工業大学リベラルアーツセンター准教授、2024年東京科学大学未来社会創成研究院教授。主な著書に『どもる体』(2018年、医学書院)『手の倫理』(2020年、講談社)など。

# 穴が開くほど見る

千葉学＋西澤徹夫

## 自分の思想を育てた学び

**西澤**　僕の穴が開くほど見るという経験は、学生の時、設計課題のレファレンスを探すために図書館に通って、建築雑誌のバックナンバーを読み漁ったことです。同級生には中山英之さんや長坂常さんという猛者たちがたくさんいて、どうにか彼らに適う案をつくるために、バレないようにネタを探すわけです（笑）。ナチュラルボーンポストモダニストとしては、理論から入るというよりは新しいスタイルがないか、新しい図面表現がないかを探して、新しいレファレンスを探してくるゲームという感じで雑誌や本に向き合っていました。それと、六角鬼丈先生の「建築家は、図面を読めば頭の中でCGのように空間を立ち上げることができる」という言葉に感化されて、図面と写真を照合して答え合わせをしていました。それが建築を読む・見る・使うことの練習でした。

**千葉**　僕が大学生の頃はポストモダニズム全

盛期で、マイケル・グレイヴスやロバート・ヴェンチューリの作品集が近くにありました。でも僕は心が動かなかった。建築の表層に、そこまで興味がなかったんだと思います。同じ頃、『SD』で安藤忠雄さんの特集が出たんです(『SD』1981年6月号)。安藤さんの抽象度の高い造形と図面は印象的で、図面はいくら読み込んでも簡単には読み解けない。そこが面白くて、安藤さんの作品集は穴が開くほど見ていました。他にもたくさんの作品集や建築雑誌を見てましたけど、僕は面白い建築をそこから見つけるとすぐに見に行っていました。すると写真とは全然違う印象を受けたりする。だから当時は建築写真というものは恣意的に切り取られたどこか信用ならないメディアだと思っていました。現地で建築を見て、感銘を受けて帰ってくると、それがどのようにできているのか知りたくて仕方がなかったから図面のトレースをしていました。体験してきた空間を思い起こしながら、自分で設計したつもりになって、自分のものにできるまでひたすらトレースする。その点では、写真よりも図面を穴が開くほど見ていたともいえます。建築は平面図や断面図という2次元の媒体を介して思考するものですが、それと実空間とのズレや関係性に対する関心が強かったのだと思います。

**「サークル・テラス」アルド・ファン・アイク**

**西澤** まず僕の1枚目は、アルド・ファン・アイクの「子供の家」と名付けらた孤児院の、どの本にも必ず出てくる写真です。これはま

アルド・ファン・アイク「子供の家」（1961年、オランダ、アムステルダム）
©Aldo Van Eyck archive（西澤徹夫提供）

だ戦後間もない頃に計画された、親をなくしたりネグレクトされた子供のための施設です。アイクの建築は昔から好きで、事務所の本棚を見渡したところ、作品集が4冊といちばん多くありました。改めて見返してみて、これは孤児院のパンフレットの裏表紙であることが分かりました。写真の周りに書いてあるオランダ語を調べてみると「すべての家、すべての町が場所の宝庫、すべての家を小さな町に、すべての町を大きな家に」と書かれていて、つまり「家は都市である、都市は家である」というアイクの重要な宣言と呼応しています。まずこの写真は、建物の正方形グリッドの頂点にある柱がテラスの中心にあり、それを軸としたシンメトリーの構図が特徴的です。左上に、柱を中心としたサークルの上を走っている少年が、空中に浮いた状態で写っています。『決定的瞬間』(1952年、ヴェルブ社)で知られるフランスの写真家、アンリ・カルティエ・ブレッソンのような躍動感があって気に入っています。

しかし、建築の意匠の狙い通りの、ややできすぎた演出にも見えます。平面図とピロティ下の回転扉のかたちから、写真右上が14~20歳までの男子のエリアで、画面下方に同じく女子のエリアがあり、ここはその中間にあるテラスであることが分かります。方位と45度の影から、これはおそらく夕方でしょう。カメラマンがこの時間まで待って、子供にサークル上を走らせたのかもしれません。この建築は約3mのグリッドが9ユニット集まってひとつのクラスターをつくり、グリッドごとにひとつのキューポラが載っています。それを雁行させながら配置することで対角方向へ視線や動線の変化が生まれています。平面図としては極めて形式性の強いものですが、小さな段差や扉やガラスの開放の向き、子供と大人の視線の高さの違いを細かく掬い上げることで、とても生き生きした空間が生まれています。このような、床の起伏や小さなディメンションで場をつくっていく方法は、これに先立つ、荒廃したアムステルダムに子供たちのための公園をつくる「スペル・プラーツ」というプロジェクトの流れだと理解できます。モダニズムに一石を投じようとしたアイクのヒューマニスティックな設計思想にはとても共感します。「八戸市新美術館」(2021年)の設計の時には、この写真を含めてチームで場のつくり方を参照していました。

**千葉**　槇文彦さんは、アルド・ファン・アイクと親交があって影響も受けていたから、そのヒューマニズムの目線で都市を構想していく姿勢は、「ヒルサイドテラス」にも現れていると思います。この建築は、プレキャストコンクリートでできた均質なグリッドが広がっていく中に、きめ細かい空間の襞がつくられていることがこの写真からもよく分かりますね。

**西澤**　1種類の径の柱と3mグリッドだけで構成される単純さの中に、ある種の迷宮性、全体像の見えてこない回遊性の楽しさがあって、ル・コルビュジエのような空間の形式がダイナミックに展開していくモダニズムのつくり方とは違う魅力を感じたんです。それからこの写真は正方形に近い縦横比になっているので、パンフレット用のグラフィックデザインありきのトリミングなのだろうと思います。これを撮った写真家は、アイクの思想とは裏腹にモダニズム写真を目指していたのかもしれません。しかしこの写真は、どこか子供を見守っているような目線にも見えてきませんか。「子供の家」の写真は子供の目線に下がって撮った写真が多いのですが、建築を説明する写真というよりは、どう過ごしているかを撮っていて、この時代としては珍しい見せ方だと思います。

**千葉**　左上の手付かずの荒野がこの構図の中で効いていて、プレキャストコンクリートでつくられた幾何学の建築と対比的に写ってい

吉村順三「軽井沢の家　その1」（1963年、長野県）　©新建築社

ることも面白いですね。それぞれのグリッドが中庭を緩やかに囲みつつも、中庭は周囲に開かれていて、守られた庭と周りの自然の対比が、子供の生き生きした動きと重なり合って、たくさんの意味を読み取れる写真だと思います。

**西澤**　僕もそう思います。この場所は建物の端にあるので、平面図を見てもこの先は荒野として描かれていて、そんな自然環境から守られた「子供の家」にようやくやってくることができた、というシーンにも見えてきます。

## 「軽井沢の家 その1」吉村順三

**千葉**　僕が選んだ1枚目は、吉村順三が1963年に建てた「軽井沢の家 その1」のリビングの写真です。建築学科に入って最初の建築の課題がこの別荘でした。この別荘の図面を渡され、矩計図をトレースし、パースを何枚か描くという課題です。その思い出が選んだ理由のひとつですが、吉村さんは東京藝術大学で長年教鞭を執っていたので、西澤さんにとってどういう位置付けなのかも聞きたいと思い選びました。

正直なところ、僕はこの建築の素晴らしさは十分に理解していたのですが、一方で完成度が高過ぎて、その先に何があるのかと思いながらトレースしていたところもあります。改めて今回この写真をよく見たのですが、吉村さんが自然環境とどのように向き合っていたのか、そこに多くの発見がありました。まずこの写真の正面に写る森の樹木からして、季節は初夏だと思います。軽井沢のいちばん気持ちのいい季節で、その森を風景として切り取る窓は、建具がすべて収められて全開しています。まず不思議に思ったのは家具の配置です。リビングの家具の配置は、その空間とそこでの生活のありようを体現しますが、いちばん大事な森の風景に対し、ソファは横目で見るように配置されています。暖炉が見切れている右下にありますが、暖炉を囲んでるようでもない。そして左に写るダイニングテーブルは、4脚椅子があるのにひとつの大きなテーブルではなく、ふたつのテーブルを繋げています。ほかの写真では適宜分割して使っていますから、おそらく季節や使う場面に応じて家具のレイアウトを変えて過ごしていたと思うんです。一方で、自然環境との関わり合い方を風景として切り取る意図は、開ロの開け方を筆頭に随所に見えている。外壁はスギの羽目板を縦に張っていますが、内部はすべて水平方向に張っていて、外と中を対比的に表現しています。梁は丸太をそのまま使っていて、手摺りも縦材は製材ですが、水平材は丸太です。外の木立の垂直性に対し、自然な状態に近い丸太はすべて90度回転させて水平に使い、外の環境が際立つようにしています。ここでは自然は、あくまでも視覚的に眺める対象としてつくられて、積極的に飛び出していく対象とは感じさせない別荘です。バルコニーの奥行きが僅かなことにもそれは現れています。季節によって背景としたり相対したり、場面に応じて自然環境との関わり合い方を変えていたんだと思いますが、それは風景としての森だったからでしょう。この別荘は、日本が高度経済成長期に突入する時代にできたもので、都市的な発展に対して自然環境の中に身を投じることに価値を置いた時代だったということがこの写真から感じられます。別荘は、都市化のカウンターウェイトとして求められたビルディングタイプだということです。別荘を見ると、その時代の自然観がよく分かります。

**西澤**　東京藝術大学でもトレースや模型制作の課題がありました。当時の教授陣は吉村さんの指導を受けているので、当然僕たちもこの別荘を名作として教えられるわけですが、一方で大学の先輩の中には藝大が住宅作家として小さくまとまっている、と批判する向きもあって、それもまたかっこいいなと思って聞いていましたね(笑)。僕も改めてこの写真を見て、椅子の向きから森への向かい方について考えを巡らせました。この別荘はこのリビングが2階の大半を占めていて、それ以外のスペースは最小の寸法でできています。正面のピクチャーウィンドウから見える森は、地面から切り離されたオブジェクトとしてあって、この別荘にとって森がいちばん重要なんだということをいい過ぎているような気がします。窓に正対して撮ることはカメラマンか吉村さんの判断か分からないけれど、ピクチャーウィンドウと相似形の構図を選ばせる力がこの建築にはあるんだろうと思います。僕にはそれが強すぎると感じていました。だから「西宮の場合」(２０１６年)では、この別荘を念頭に置きつつ、森の存在を相対化するようなアプローチをとりました。

**千葉**　僕も別荘を設計する時には最初にこの作品を思い浮かべることが多いです。どうしても立ち返ってしまう建築なんですね。これとは何か違うことをしようと考えるという意味ではある種ベンチマークで、今の時代だからこそできる自然との関わり合い方を考える起点にもなります。

## 「クンストハル美術館」ＯＭＡ

**西澤**　今回の対談で初めて千葉さんと建築の話をするので、どんな建築が好きかということを伝えるのがいいと思って選んだ2枚目は「クンストハル美術館」です。この建築は僕が最も影響を受けた建築のひとつで、実際に見に行ったし穴が開くほど図面も写真も見たけれど、いまだに理解しきれない複雑な建築

OMA「クンストハル美術館」(1992年、オランダ)
©Delfino Sisto Legnani and Marco Cappelletti, Courtesy of OMA(西澤徹夫提供)

です。僕だけでなく、世界中の建築学生が穴が開くほど見たと思います。まず惹かれるのはこの写真のシンメトリーの構図です。引き戸を中心に右と左で異なるパースペクティブをもっていて、右のスロープがオーディトリウム、左の階段を登ると展示室になっています。この建築の空間のつくり方の面白さ、多視点的で全方位的な強度を端的に象徴していて、すばらしい写真だと思います。斜めの床や色とりどりの椅子や材料の使い方は、ル・コルビュジエやミース・ファン・デル・ローエやデ・ステイルなど、さまざまなスタイルとアイデアとユーモアを建築に取り入れていいんだと思わせてくれました。たとえば、中央の列柱はステージの前では取り除かれてその先は同じ寸法のシャンデリアに代わっています。サッシ割も各立面ごと変えられていて、一定の美学を貫くことから距離を置いている。思い付いた面白いアイデアはどんどん試していますね。この建築は、とても具体的で即物的であることがもつ情報量は過剰なのであり、それが建築を古典的な作法で理解しようとすることから遠ざけるということを示しています。「抽象的」とはよく分からないという意味で用いられることがありますが、むしろ具体がもつ圧倒的な情報量を前提にして、よく分からないまま建築を経験させるということをやってのけたともいえると思います。青木淳さんの事務所に面接に行った時、好きな青木作品を聞かれて「O」（1996年）が抽象的で好きだ、と同じような意味で答えましたが、この「クンストハル美術館」も「O」も、過剰であることの面白さがあると思います。

**千葉**　僕もこの建築を見に行ったことがありますが、どこに行っても楽しいと思えるその展開に興奮を覚えました。ディテールや素材、色の使い方、トイレの中まで見どころ満載ですが、全体を歩く体験は、サーキットみたいだと思いました。さっき通ったところを突然見返したり、これから通るであろう場所を眼下に見たりと、いろいろなところに偶発的な出会いがあって、それが折りたたまれてできている緻密さも感じました。そのサーキット的で緻密な特徴をこの写真はよく表していますね。

**西澤**　全体の構成はサーキットのようにひと続きであるにも関わらず、ディテールに目がいって理解が断片化していきます。そして1

香山アトリエ／環境造形研究所「千ヶ滝の山荘」（1983年、長野県）　©新建築社

周すると、ああいう場面があった、こういう場面もあったと記憶の断片が脳内で組み上がっていく。入った瞬間には分からず、常に回り続けないと全体がいつまでも把握できないところに現代性を感じるし、全体性が後からしか分からないことは、今自分が建築を考えることに強く影響しています。

そしてこの写真家の視点ですね。1枚の写真からそこに写る建築の本質がどこにあるかを発見し、建築のもつ複雑性を伝える構図を提示しています。現代建築においても、まだまだ写真で伝えることができるんだと思わせてくれる力をもった写真だと思います。

「千ヶ滝の山荘」香山アトリエ／環境造形研究所

**千葉**　僕が選んだもう1枚も別荘のリビングの写真です。この「千ヶ滝の山荘」は、香山壽夫先生が1983年に建てた自身の別荘で、吉村さんの「軽井沢の家 その1」からちょうど20年後に完成しています。ふたつの別荘は軽井沢の同じ地域に建っていて、ふたつとも7・2m角という平面です。共通点もたくさんありますが、対照的でもある。その別荘のあり方として衝撃を受けたので、今回対にして選びました。

この別荘は、自然環境を景色として楽しむとか、気持ちよい中間領域で食事するといったものではありません。正面の窓の奥にある大きなテラスはいわば外の床で、おそらく外での庭いじりや農作業の続きをするような場所でしょう。いちばん大きなフィックス窓にはすべてブレースが入っていて、むしろ視覚的な見え方にあえて介入するかのようです。一方で右の蔀戸は開けると庇になり、下開き戸はパタンと倒れるとテーブルのようになって、鳥に餌をやれる場所にもなる。横開き戸は、風や光を取り込む装置で、それらを全部閉めると1枚の強い板壁になります。窓ひとつひとつに役割を与えていくのは香山先生の師匠であるルイス・カーンにも通じるものですが、建具を介して自然のリアルな現象と直接的に、身体を介して関わることを実践しているのは独特で、楽しさも想像できます。内部のつくりは簡素で、リビングにはソファがなく、食事をする場所と暖炉だけです。ダイニングのフランク・ロイド・ライトの椅子が面白い違和感を出していますが、これは帝国ホテルが取り壊された時に拾ってきたものだと聞いたことがあります。重たい椅子ですよね。おそらく家具の配置を季節に応じて変えることもなかったのだと思います。だからここは、自然に能動的に関わっていくための基地のような場所だったのだと思います。自然環境を景色として楽しむのとは対照的な別荘のあり方が現れている写真だと思います。

**西澤**　建具を見ると、欄間とは上下の関係が逆転してますよね。空間の分節の仕方が緻密で、日本的な障子による割り方、建具の機構と、日本的ではない柱や桟の寸法のアーティキュレーションは、カーンを想起させます。フィックスガラスということはないものとしてのガラスということですか。

**千葉**　おそらく意識としては透明な壁なのでしょうね。森の中に身を投げ出して、農作業などに勤しむ一方、中では食事をしたり仕事をしたりとエネルギーを蓄える場になっている。だからここは、内から外を楽しむ場というよりは、むしろ外での活動を終えた後に籠もる場なのだと思います。吉村さんが丸太を横使いし、森に対して視覚的な対比関係をつくろうとしていたのに対して、ここでは中心の柱が丸太です。森の中の1本の大木に屋根を架けるかのような材料の使い方も対照的だと思いました。

**西澤**　建具が台になるというのは、面白いところだなと思います。この別荘は、建具が何層にも渡って外界を遮断しようとしている一方で、ブレースを雨戸の裏ではなくてわざわざガラス面に入れることでかえって透明さが際立っています。そのアンビバレントさが重要なのであって、森への視線が最上位のテーマではないことを示しています。

**千葉**　別荘は何のためにつくるのか。20世紀的な、風景を切り取って自然が感じられるところでリラックスするのは素晴らしいことだけれども、一方で別荘が、自然すら人間の消費の対象とするための場づくりになっていないかということを僕自身もよく考えます。國分功一郎さんの『暇と退屈の倫理学』（2011年、朝日出版社）では、暇と退屈の違いについて語っています。暇を生産的に過ごせるか、退屈しのぎになってないかということに関する問題を、別荘を通じて批評したようにも思える写真です。

## 建築の魅力・写真の魅力

**西澤**　近代は、未分化だった世界をさまざまな方法で切り分けてきました。一方、アルド・ファン・アイクは切り分けと切り分けの隙間にこぼれ落ちそうなディメンションを見つけて、それをとらえようとしました。それが、「都市は家である」という彼の言葉にあるように、都市計画や家という切り分け方を脱分化しようとしたんだと思います。OMAは、都市と建築を最初から同等に考えようとしていて、都市の混沌さから切り分けずに建築をつくってきました。この脱分化の方向性が両者で共通していると思います。今、日本の公共建築は、図書館と公民館を一体にするとか、劇場と街づくりを一緒に計画するとか、ビルディングタイプとしても建築家の職能としても脱分化に向かっていると感じます。ただ、それが行き過ぎて未分化に戻ってしまうのは単なるノスタルジーであって、僕たちはこれから分化と脱分化のあり方を新しく考える必要があると思います。本来建築も都市も自然も、複合的な要素からなるひと続きの環境全体なのであって、計画という概念が自ら都合がいいように切り分けの方法を押し付けてきたに過ぎません。今回の4枚の写真は、切り分けることと切り分けないことの仕切りの位置をずらしたり、仕切りから漏れたディメンションを再発見することで、新しい世界を再発見していくことの重要性を示唆しているように思いました。

**千葉**　確かに別荘というビルディングタイプも、生活における切り分けが空間として表出した典型だと思います。仕事は都市で、癒しは自然の中でと切り分ける生活容態が広がれば、手付かずの自然はどこにもなくなってしまう罪深さを感じます。塚本由晴さんや田根剛さん、Seng Kuanさんと「How is Life?」と題した展覧会を開いた際、道具はひとつのテーマとなりました。畑を耕す時には鍬や鋤といった道具が必要になりますが、都市生活では生活がさらに細分化され、スマートフォンとパソコンがあれば暮らしが成り立つように社会がかたちづくられている。でも、自然に身を投げ出して道具を手にすれば、身体を介して自然からは、単なる視覚的なもの以上にたくさんの情報を受け取ることができる。その、数値や言葉にすらならない情報を拾い上げることこそ取り組むべき課題です。その意味で、建築も道具的にならなければいけないと思います。別荘というビルディングタイプを批判するということではなく、そもそも都市や自然といった二項対立的なとらえ方を超えて成り立つ建築の道具性や、建築という道具を介してもう一度生活を自分たちの身体的な体験に取り戻す生き方を考えていくことが、これからの建築には必要なのだと思います。香山先生の別荘は、もう40年も前にできたものですが、そのことを既に実践していたのだともいえますし、ならば現代の都市ではどんな道具的建築ができるのか、そのヒントにもなると思いました。

---

**西澤徹夫**
1974年京都府生まれ。2000年東京藝術大学美術研究科修士課程修了。青木淳建築計画事務所（現AS）を経て、2007年西澤徹夫建築事務所設立。2023年から京都工芸繊維大学特任教授。京都市京セラ美術館で日本建築学会賞、JIA日本建築大賞。第74回芸術選奨文部科学大臣新人賞。

# あとがき

王国社の山岸久夫さんから本のお話をいただいたのは、もう3年も前になる。その後僕自身の怠惰もあって、出版がここまで延びてしまったのだが、その間コロナ禍があり、能登半島地震があり、また台風や豪雨も頻発するようになった。そして夏の気温は、とうとう40℃にも届こうというほどに地球環境は大きく変わってきている。こうした変化を日々肌で感じ取ってきたから、建築の設計にも様々なかたちで影響する。過去のデータが頼りにならないこともあるし、資源循環や維持管理がこれまで以上に大切な指標になる。ただ木を使えば環境に優しいなどという取り繕いが虚しいのは当然だが、そもそも地球に負荷をかける建築を作ることの是非も、その都度問わなくてはならない。そんな中で、地球を相手にした道具として建築を考えることには、それなりに意味があるのではないかという思いは、この3年の間に確信となった。

実はもう一つ、私的なことで恐縮だが、僕の事務所が、様々な偶然が重なって外苑前から代官山ヒルサイドテラスに移ったことも大きな変化だった。思い返せば最初に働いたのが新宿の超高層、その後雑居ビルを転々としつつ、大学で教鞭を執ることにもなったから、築90年程の校舎も僕の仕事場の一つになった。ビルディングタイプで言えば、超高層のオフィスから雑居ビル、そして大学の校舎を経てついに住宅になったわけだ。そして改めて、ここが働くには最高の場所だということを日々噛み締めている。もちろん槇文彦先生の作品だから、快適なのは当たり前だ。しかしそれは、モダニズムの名作であるとか美しいディテール故ではなく、この穏やかなスケールの建築が「ソト」と有機的に絡み合いながら生み出されている空気の質であり、そのことによって街の日々の記憶が風景と一体になって身体化されているからだ。守り神のように窓外に鎮座する猿楽塚、そこに様々な想いを抱いてお参りに来る人たち、猿楽祭の日に中庭でお酒を傾ける老夫婦、毎日丁寧に掃除をする管理の方々、夜遅く、別棟の窓越しに見える隣人の姿、町内を練り歩く神輿に熱い掛け声、お洒落をして買い物に勤しむ若者たち、樹々に集まる鳥や昆虫の日々の営みなど、数え上げれば切りがない。こうした自然の営みや人々の営為が、建築を介して生き生きと身体に刻まれるのだ。それはなんと幸せなことだろう。

しかしながら、超高層で働いていたころのそんな記憶は極めて希薄だ。地上200mの眺望は確かに素晴らしかったが、風も匂いも湿り気も感じられず、音も聞こえない抽象的な風景はすぐに飽きてしまったし、混み合うエレベーターを待たなければ地上の出来事に触れることすらできない場所は、街とも自然とも切断された空間だったのだ。なのに東京では超高層の再開発がまだまだ続くと言う。日本では、不思議なことに今なお再開発という言葉に「輝かしい未来」や「経済成長」への期待が託されている。しかし人口減少が進み、オフィスの空室率が高まる中で、中小のビルが超高層に置き換わっていくことに、どんな未来があるのだろう。次々と大して古くもない建物を壊し、どこも似たような風景にしてしまうことに、輝きはあるのだろうか。そして様々な働く場を体験してきた身としては、実感をもって超高層よりも雑居ビルが、雑居ビルよりも築90年の校舎が、そしてヒルサイドテラスの方が、遥かに快適な仕事場だと断言できる。

人類の歴史とともにある建築が今後も続くことは間違いないし、建築が人々に素晴らしい経験を与えることも変わらないだろう。しかし技術への過剰な信頼と偏重は、建築の道具としての側面を奪い去り、結果として世界に散らばる豊かな自然と人々の営みの絡み合いを痩せ細らせてしまう。だからこそ改めて、どのような建築ならば自然を、街を、人々をより豊かに感知できる道具になり得るのか、それを深く、精緻に考えていく必要があるのだと思う。

怠惰な僕に、叱咤激励をしながらいつも辛抱強くお付き合い下さった山岸久夫さんには、ただただ頭が下がる思いである。厚く御礼申し上げたい。また編集にあたっては、辻そよかさんにご尽力いただいた。編集者の目線での的確なアドバイスは、この本をより洗練されたものにしてくれた。心から感謝したい。最後に事務所の水木里帆さんにもお礼を言いたい。論考をいつも楽しみ、率直な意見を言葉にしてくれたことは、前に進む原動力だった。

いつもなかなか言葉にならない肌感覚を絞り出すようにして原稿を書いてきた。自らの文章力の無さに落胆するばかりだが、何か一つでも、これからの建築に対して前向きになれる気付きがあればと願う。

千葉　学

## 初出一覧

- はじめに＊書き下ろし
- 身体から計画する＊『JA』115, Autumn 2019
- 建築家に何が可能か＊『アーキエイド（5年間の記録—東日本大地震と建築家のボランタリーな復興活動）』2016年4月
- ツーリズムを通じて支援する＊『月刊近代建築』2018年1月号
- 「リアル」と「リモート」のツーリズム＊『a+u』2021年1月号
- 繋がりは正義か＊新建築.ONLINE—思考を紡ぐ——建築家10人が選ぶ論考#8 2022年5月24日
- 当事者意識と美しさ＊くまもとアートポリス『みんなの提言』2021年6月
- 地域文化資源の継承＊『新建築』2020年2月号
- 「みんなの家」を通した公民館の再考＊『新建築』2020年2月号
- 土木、都市計画、建築、家具、サインをシームレスにつないでつくる公共空間＊『建築技術』2016年4月号
- 庁舎は公共性を育むことができるのか＊『新建築』2016年4月号
- トコロアサオの紋様が伝える世界＊野老朝雄×青森市所蔵作品展「個と群」2016年3月
- 「道具」としての建築＊『Re』2021年7月㈶建築保全センター
- 道具と身体＊『雨のみちデザイン—驟雨異論 #1』2022年4月
- 説明可能性問題＊『雨のみちデザイン—驟雨異論 #2』2022年7月
- 技術と説明可能性＊『新建築住宅特集』2022年8月号
- 炙り出される自然＊『新建築住宅特集』2020年10月号
- 建てることと生きること＊『新建築住宅特集』2021年9月号
- 「身体性」と「他者性」＊『SD2019』
- 動いている庭＊TOTO出版2023年8月
- ル・コルビュジエとインド＊建築倉庫ミュージアム2018年5月
- 「地球」を相手にした道具＊TOTOギャラリー・間企画展（「How is Life?—地球と生きるためのデザイン」）2022年10月
- How is Life?＊『雨のみちデザイン—驟雨異論 #3』2022年10月
- 最適化問題と「道具」＊『雨のみちデザイン—驟雨異論 #4』2023年2月
- 都市におけるストックとフロー＊『新建築』2016年12月号
- バイシクル・アーバニズム—生態学的都市計画に向けて＊『a+u』2021年1月号
- 身体から建築を捉えなおす＊『How is Life?—地球と生きるためのデザイン』TOTO出版2023年11月
- 穴が開くほど見る＊『新建築住宅特集』2023年12月（株式会社LIXIL）
- あとがき＊書き下ろし

千葉　学（ちば　まなぶ）

1960年東京都生まれ。1985年東京大学工学部建築学科卒業。1987年東京大学大学院工学系研究科建築学専攻修了。1987-1993年日本設計。1993-1996年東京大学工学部建築学科キャンパス計画室助手。1993-2001年ファクターエヌアソシエイツ共同主宰。1998-2001年東京大学工学部建築学科安藤研究室助手。2001年千葉学建築計画事務所設立。2001-2013年東京大学大学院工学系研究科建築学専攻准教授。2009-2010年スイス連邦工科大学客員教授。2013年東京大学大学院工学系研究科建築学専攻教授。2016-2018年東京大学副学長。2018年-東京大学キャンパス計画室副室長。

主な受賞　第17回AACA賞優秀賞、第49回BCS賞、2007年度日本建築家協会賞、2009年日本建築学会賞（作品）（日本盲導犬総合センター）。日本建築学会作品選奨2013、第14回公共建築賞優秀賞（諫早市こどもの城）。第54回BCS賞、2013ユネスコ文化遺産保全のためのアジア太平洋遺産賞功績賞、2013年度日本建築家協会優秀建築選、日本建築学会作品選奨2016（大多喜町役場）。第27回村野藤吾賞、第55回BCS賞、日本建築学会作品選奨2017（工学院大学125周年記念総合教育棟）。2018年度グッドデザイン賞グッドフォーカス賞［復興デザイン］（釜石市大町復興住宅1号・釜石市天神復興住宅）。

主な著書　『くうねるところにすむところ　窓のある家』（インデックス・コミュニケーションズ）『ル・コルビュジエの全住宅』、『rule of the site　そこにしかない形式』（TOTO出版）『ヘヴンリーハウス　住吉の長屋／安藤忠雄』（東京書籍）『建築家は住宅で何を考えているのか』（PHP研究所）『ja115 AUTUMN,2019 千葉学』（新建築社）『人の集まり方をデザインする』（王国社）『How is Life?　地球と生きるためのデザイン』（共著　TOTO出版）

地球を相手にした道具

---

2025年　1月30日　初版発行

著　者――千葉　学　©2025

発行者――山岸久夫

発行所――王 国 社

〒270-0002 千葉県松戸市平賀152-8

tel 047(347)0952　　fax 047(347)0954

https://www.okokusha.com

印刷　三美印刷　　製本　小泉製本

図版――千葉学建築計画事務所

装幀・構成――水野哲也（watermark）

---

ISBN 978-4-86073-078-9　*Printed in Japan*